La dignité de la personne humaine et le juge administratif

Logiques Juridiques

Fondée par Gérard Marcou

Dirigée par Jean-Claude Némery et Thomas Perroud

Le droit n'est pas seulement un savoir, il est d'abord un ensemble de rapports et pratiques que l'on rencontre dans presque toutes les formes de sociétés. C'est pourquoi il a toujours donné lieu à la fois à une littérature de juristes professionnels, produisant le savoir juridique, et à une littérature sur le droit, produite par des philosophes, des sociologues ou des économistes notamment.

Parce que le domaine du droit s'étend sans cesse et rend de plus en plus souvent nécessaire le recours au savoir juridique spécialisé, même dans des matières où il n'avait jadis qu'une importance secondaire, les ouvrages juridiques à caractère professionnel ou pédagogique dominent l'édition, et ils tendent à réduire la recherche en droit à sa seule dimension positive. À l'inverse de cette tendance, la collection « Logiques juridiques » des éditions L'Harmattan est ouverte à toutes les approches du droit. Tout en publiant aussi des ouvrages à vocation professionnelle ou pédagogique, elle se fixe avant tout pour but de contribuer à la publication et à la diffusion des recherches en droit, ainsi qu'au dialogue scientifique sur le droit. Comme son nom l'indique, elle se veut plurielle.

Dernières parutions

Chryssi PAPANIKOLAOU, *Le principe de l'Etat social, Étude sur les limites de l'activité législative en droit comparé français et hellénique*, 2021.

Yves Gabriel Djeya Kamdom, *La responsabilité des ordonnateurs des crédits publics dans le système financier contemporain. Étude des droits camerounais et français,* 2021.

Laurie Marguet, *Le droit de la procréation en France et en Allemagne. Etude sur la normalisation de la vie*, 2021.

Rhita Bousta, *La notion de médiation administrative*, 2021.

Xavier Labbée, *La confusion juridique des personnes et des choses. Un péril mortel pour l'humanité ?*, 2021.

Gladys Trézenem

La dignité de la personne humaine et le juge administratif

L'Harmattan

Mémoire sous la direction du Professeur Bertrand FAURE

Université de Nantes
2020

5-7, rue de l'École-Polytechnique, 75005 Paris

www.editions-harmattan.fr

ISBN : 978-2-343-23914-9
EAN : 9782343239149

SOMMAIRE

ABRÉVIATIONS

Adde	Ajouter
AJDA	Actualité juridique Droit administratif (Dalloz)
al.	Alinéa
anc.	Ancien
art. préc.	Article précité
Ass.	Assemblée du Conseil d'État
Bibl.	Bibliothèque
Bull. civ.	Bulletin des arrêts civils de la Cour de Cassation
BVerfG	Bundesverfassungsgerichts (Tribunal constitutionnel fédéral allemand)
c/	Contre
CAA	Cour Administrative d'Appel
CASF	Code de l'Action Sociale et des Familles
CE	Conseil d'État
Cass. civ.	Chambre Civile de la Cour de Cassation
cf.	Confer
chron.	Chronique
coll.	Collection
comm.	Commentaire
comp.	Comparer
Cons. const.	Conseil Constitutionnel
concl.	Conclusions
contra	En sens contraire
C. envir.	Code de l'environnement
C. pén.	Code pénal
C. pr. pén.	Code de procédure pénale
C. rur.	Code rural et de la pêche maritime
CSP	Code de la santé publique
C. trav.	Code du travail
D.	Recueil Dalloz-Sirey
Defrénois	Répertoire Defrénois
dir.	Sous la direction de

doctr.	Doctrine
Dr. adm	Droit Administratif (LexisNexis)
éd.	Edition
Gaz. Pal	La Gazette du Palais
ibid.	*Ibidem* (Au même endroit)
in	Dans
infra	Ci-dessous
J. Cl. Libertés	Jurisclasseur libertés (LexisNexis)
J. Cl. Pénal	Jurisclasseur pénal (LexisNexis)
JO	Journal officiel de la République française
L.	Loi
Lebon	Recueil Lebon
L.G.D.J	Librairie générale de droit et de jurisprudence
loc. cit.	*Loco citato* (à l'endroit cité)
L.P.A	Les petites affiches
Mél.	Mélanges
n$^{o(s)}$	Numéro(s)
not.	Notamment
note préc.	Note précédente
obs.	Observations
op. cit.	*Opus citatum* (œuvre citée)
ord.	Ordonnance
p.	Page
préf.	Préface
PUAM	Presses universitaires d'Aix-Marseille
PUF	Presses universitaires de France
RDP	Revue du droit public (Lextenso)
Rép. min.	Réponse ministérielle
Rev.	Revue
Rev. crit.	Revue critique de législation et de jurisprudence
RFAP	Revue Française d'Administration Publique
RFDA	Revue Française de Droit Administratif (Dalloz)
R.I.D.C	Revue Internationale de Droit Comparé
RIEJ	Revue Interdisciplinaire d'études juridiques

R.L.J	Revue de législation et de jurisprudence
S.	Recueil Sirey
s.	Suivants
sect.	Section
spéc.	Spécialement
supra	Ci-dessus
t.	Tome
TA	Tribunal Administratif
T. confl.	Tribunal des conflits
th.	Thèse universitaire
trad.	Traduit par
V.	Voir
V°	*Verbo*
Vol.	Volume

« Le sentiment de notre existence dépend pour une bonne part
du regard que les autres portent sur nous :
aussi peut-on qualifier de non humaine l'expérience de qui a vécu
des jours où l'homme a été un objet aux yeux de l'homme. »

Primo LÉVI, *Si c'est un homme,* 1947

INTRODUCTION

« *Considérant qu'il appartient à l'autorité investie du pouvoir de police municipale de prendre toute mesure pour prévenir une atteinte à l'ordre public ; que le respect de la dignité de la personne humaine est une des composantes de l'ordre public ; que l'autorité investie du pouvoir de police municipale peut, même en l'absence de circonstances locales particulières, interdire une attraction qui porte atteinte au respect de la dignité de la personne humaine* »[1]. Par ce considérant de principe, le Conseil d'État définit, pour la première fois, le concept de dignité de la personne humaine comme l'une des composantes de l'ordre public. Présenté par le Commissaire du Gouvernement de l'époque comme un « *concept absolu* »[2], c'est à l'occasion de « l'affaire du lancer de nain » qu'il fait son entrée dans les prétoires français.

La dignité est « *le respect que mérite quelqu'un ou quelque chose* »[3], qui s'attache à toute personne ou à une institution. Ce terme renvoie au fait d'être digne, au mérite et à l'estime. Il est également présenté comme le synonyme d'honneur et peut être induit d'une fonction ou d'un titre honorifique [4]. Cependant, le respect ne peut totalement se confondre avec l'honneur. Présenté comme un « *besoin vital de l'âme humaine* » par Simone WEIL, « *l'honneur a rapport à un être humain considéré non pas simplement comme tel mais dans son entourage social* » tandis que le respect est « *identique pour tous et immuable* »[5]. Le terme « *dignité* » signifie donc le fait pour une personne de mériter le respect, justement parce qu'elle est une personne. Interprété

---

[1] CE, ass., 27 oct. 1995, *Commune de Morsang-sur-Orge* & *Ville d'Aix-en-Provence*, n°s 136727 et 143578, 2 espèces Lebon 372.

[2] P. FRYDMAN, concl. CE, Ass., 27 oct. 1995, *Commune de Morsang-sur-Orge* & *Ville d'Aix-en-Provence*, *préc.*, RFDA 1995. 1204.

[3] *Dictionnaire de la langue française Larousse 2019*, *v*° Dignité.

[4] Association H. CAPITANT, *Vocabulaire juridique*, G. CORNU (dir.), PUF, coll. Quadrige, 12e éd., 2017, *v*° Dignité.

[5] S. WEIL, *L'enracinement. Prélude à une déclaration des devoirs envers l'être humain*, Gallimard, coll. Espoir, 1949, pp. 31-32.

a contrario, il implique la mise en place de restrictions afin qu'une personne ne reçoive pas le même traitement que celui réservé à un animal ou un objet. Emmanuel KANT disait d'ailleurs que « *le respect s'applique toujours uniquement aux personnes, jamais aux choses* ». Et le philosophe d'ajouter « *les choses peuvent exciter en nous de l'inclination et même de l'amour, si ce sont des animaux (par exemple des chevaux, des chiens, etc.), ou aussi de la crainte, comme la mer, un volcan, une bête féroce, mais jamais du respect* »[6]. Animaux et objets seront ainsi exclus du champ de notre étude, puisque seule la personne humaine mérite d'être respectée comme l'entend la définition de dignité. De plus, le concept de personne humaine se différencie de la notion de personne juridique. En effet, la personne juridique « *se résume à une unité de droits et d'obligations attribuées à une entité sociologique individuelle ou collective* »[7], tandis que la « personne humaine », aujourd'hui présente dans toutes les branches du droit, « *affecte la structure même du sujet de droit pour l'adapter aux enjeux normatifs contemporains* »[8]. Le professeur Xavier BIOY écrivait dans sa thèse que le concept de la personne humaine, dès lors, « *se place en figure de proue des politiques publiques relatives aux domaines bioéthiques et au de-là, et participe à l'instrumentalisation des principes éthiques dans le champ juridique* ». Il implique, selon la maxime de MONTAIGNE, que « *chaque homme porte* [en lui] *la forme entière, de l'humaine condition* »[9].

La notion de respect renvoie indiscutablement aux rapports que les hommes entretiennent entre eux. Défini comme un « *sentiment de considération envers quelqu'un, et qui porte à le traiter avec des égards particuliers* »[10], le respect est à la base de toute vie

---

6 E. KANT, *Critique de la raison pratique*, 1788, Flammarion GF, 2003.

7 X. BIOY, *Le concept de la personne humaine en droit public. Recherche sur le sujet des droits fondamentaux*, préf. H. ROUSSILLON, Dalloz, coll. Nouvelle Bibliothèque de Thèse, 2003, vol. 22.

8 X. BIOY, *op.* cit., n° 23, p. 13.

9 M. de MONTAIGNE, *Essais*, III, 2.

10 *Dictionnaire de la langue française Larousse 2019*, *v°* Respect.

en société. La dignité, définie comme le respect qui est dû à la personne humaine, mérite elle aussi d'être protégée et garantie. En ce sens, elle devient une qualité opposable à l'homme par des tiers.

Apparaissent alors les premières ambiguïtés de cette notion, qui se présente à la fois comme un attribut du genre humain et de la personne elle-même[11]. Dans le premier cas, elle correspond à une « *certaine représentation de ce qu'est l'humanité digne* »[12] et constitue une limite à la liberté de chacun. Dans le second, elle se présente cette fois comme une composante de l'individu et protège sa liberté individuelle.

Il faut cependant avoir à l'esprit qu'avant d'être juridique, le principe du respect de la dignité humaine est théologique et philosophique. Il est le fruit de réflexions muries au fil des époques et dont le sens a significativement évolué. Classiquement, la dignité humaine trouve ses racines dans le *Dignitas* latin, qui signifie « le fait de mériter, le mérite ». Le terme désigne le rang auquel « *on élève une personne en raison de son mérite ou de sa fonction* » ce qui traduit son dérivé « *dignitaire* »[13]. De manière plus générale, le mot *Dignitas* désigne la qualité d'une personne et revêt quatre sens principaux. Il renvoie tout d'abord au fait de mériter ou d'être digne de quelque chose. Il se présente aussi comme la

---

[11] Discours de J.-M. SAUVÉ, « Dignité humaine et juge administratif », Colloque organisé à l'occasion du 90e anniversaire de la création du Tribunal administratif de Strasbourg, Rencontres européennes de Strasbourg, 27 novembre 2009.

[12] En ce sens, l'Encyclopédie philosophique universelle définit la dignité de la personne humaine comme l'essence même de l'être humain, « *implicitement supposée dans toute représentation générale de la condition humaine, soit en tant qu'attribut du genre humain d'origine divine (grâce), soit comme principe postulé dans les droits naturels de l'homme auxquels elle confère une valeur universelle absolue et intangible* ».

[13] C. NEIRINCK, « La dignité humaine ou le mauvais usage juridique d'une notion philosophique » *in* P. PEDROT (dir.), *Mélanges en l'honneur de Christian BOLZE, Éthique, droit et dignité de la personne*, Economica, Paris, 1999, pp. 39-50.

conséquence de ces qualités que sont la considération, l'estime, le prestige. Enfin, il peut être assimilé à un sentiment d'honorabilité ou encore à *« la beauté majestueuse et la noblesse, le mérite et le rang »*[14]. Dans cette perspective, certains le qualifient alors de « dignité-fonction »[15]. Valeur intrinsèque de l'homme et dans le même temps considération extérieure à celui-ci, la dignité se révèle être une notion riche de sens. Toutefois, elle ne peut complètement se mélanger à la notion d'honneur à laquelle elle est pourtant liée. CICÉRON définissait la dignité comme le fait de rester digne face au malheur, renvoyant par conséquent à l'honneur. Pour l'auteur, « *la dignité consiste en une influence honorable, qui mérite les hommages, les marques d'honneur, le respect* »[16]. Il soulignait toutefois la dissemblance entre ces deux notions, la dignité correspondant au « rôle » commun à tous les hommes tandis que l'honneur à chacun personnellement. Ce n'est que plus tard que la dignité est rattachée à la capacité de l'homme à penser et émerge alors l'idée que « *toute la dignité de l'homme consiste en la pensée* »[17].

Ce principe est enfin approprié par les philosophes des Lumières. Par le truchement d'une éloquente formule, Emmanuel KANT a ainsi déclaré : « *agis de telle sorte que tu traites l'humanité aussi bien dans ta personne que dans la personne de tout autre toujours en même temps comme une fin, et jamais simplement comme un moyen* »[18]. Le philosophe définit la dignité comme « *l'antithèse du prix marchand* », considérant à juste titre que « *dans le règne des fins, tout a un PRIX ou une DIGNITÉ. Ce qui a un prix peut-être aussi bien remplacé par quelque chose d'autre, à titre d'équivalent ; au*

---

14 F. GRUAT, « Dignité » *in* M. FORMARIER et L. JOVIC, *Les concepts en sciences infirmières*, Association de Recherche en Soins Infirmiers, 2e éd., 2012, p. 156.

15 C. GIRARD et S. HENNETTE-VAUCHEZ, *Recherche sur un processus de juridicisation*, PUF, coll. Droit et justice, 2005, p. 25-27.

16 CICÉRON, *De Inventione*, 2, 166.

17 PASCAL, *Pensées* : GF Flammarion, 1976, p. 152.

18 E. KANT, *Fondements de la métaphysique des mœurs* (1785), trad. A. RENAULT, Paris, Flammarion, 1994, p. 108.

contraire, ce qui est supérieur à tout prix et par suite n'admet pas d'équivalent, c'est ce qui possède une dignité (…) ; ce qui constitue la condition qui seule peut faire que quelque chose est une fin en soi, cela n'a pas seulement une valeur relative, c'est-à-dire un prix, mais une valeur interne, c'est-à-dire une dignité »[19]. La dignité n'est donc pas à vendre, elle n'a pas de prix et relève de l'absolu.
Seules les choses ont un prix. Plus largement, la dignité apparaît au XVIIIe siècle comme « *la finalité ultime de démocraties* »[20].

En France, il est possible de retenir la notion de dignité dès le décret *Schœlcher* d'abolition de l'esclavage du 27 avril 1848[21]. Néanmoins, elle se dévoile plus significativement au lendemain de la Seconde Guerre mondiale. Les atrocités commises impliquent une prise de conscience générale, puisqu'il est possible de « *détruire plus que la vie* »[22] : l'humanité de l'être humain. Ce consensus se traduira par la place unanimement accordée par les textes internationaux au principe de dignité de la personne humaine. L'acte constitutif de l'UNESCO du 16 novembre 1945 mentionne en ce sens que « *la grande et terrible guerre qui vient de finir a été rendue possible par le reniement de l'idéal démocratique de dignité, d'égalité et de respect de la personne humaine et par la volonté de lui substituer, en exploitant l'ignorance et le préjugé, le dogme de l'inégalité des races et des hommes* ». De même, l'article 1er de la Déclaration universelle des droits de l'homme de 1948 proclame que « *tous les êtres humains naissent libres et égaux en dignité et en droits* ». Partant, la quasi-totalité des

19 V. CHAMPEIL-DESPLATS, « Dignité de la personne » *J. Cl. Libertés*, Fasc. 540, 2011, n° 1.
20 P. PEDROT, « La dignité de la personne : principe consensuel ou valeur incantatoire ? Avant-propos », *in* P. PEDROT (dir.), *Mélanges en l'honneur de Christian BOLZE, Éthique, droit et dignité de la personne*, *op. cit.*, p. XI.
21 Décret *Schœlcher* relatif à l'abolition de l'esclavage dans les colonies et les possessions françaises du 27 avril 1848 : « *Le gouvernement provisoire considérant que l'esclavage est un attentat contre la dignité humaine : qu'en détruisant le libre arbitre de l'homme, il supprime le principe naturel du droit et du devoir* ».
22 P. PEDROT, *loc. cit.*

textes internationaux sur les droits de l'homme fait le choix d'y intégrer la dignité humaine, notamment la Déclaration américaine des droits et des devoirs de 1948, le Préambule de la Charte des Nations Unies de 1945, la Charte africaine des droits de l'homme et des peuples de 1981 ou encore la Convention dite de New York relative aux droits des enfants de 1990 [23]. Ces nombreuses consécrations du principe suffisent à en illustrer le caractère fondamental.

Sur le plan européen, la dignité de la personne humaine figure dans la Charte européenne des droits fondamentaux signée lors du Conseil européen de Nice le 7 décembre 2000. Cette charte consacre son premier chapitre à la « Dignité » au sein duquel sont réunis plusieurs droits fondamentaux tels que le droit à la vie (art. 2), le droit à l'intégrité de la personne (art. 3), l'interdiction de la torture et des peines ou traitements inhumains ou dégradants (art. 4) et l'interdiction de l'esclavage ou du travail (art. 5). La dignité se place donc devant tous les autres chapitres respectivement consacrés à la liberté, l'égalité, la solidarité, la citoyenneté et la justice, preuve de la place essentielle qu'elle occupe désormais dans la reconnaissance des droits de l'homme. En revanche, cela peut surprendre, le concept de dignité ne figure pas dans la Convention de sauvegarde des droits de l'homme et des libertés fondamentales de 1950 ; une lacune pour le moins compensée par sa présence dans les travaux préparatoires du Préambule de la Convention. Le respect de la dignité humaine constitue, en effet, un « *principe d'interprétation matériel de la Convention* »[24]. Plus précisément, certains y voient une « protection par ricochet » puisque la Cour de Strasbourg le combine systématiquement aux droits assurés par la Convention tels que l'interdiction de la torture (art. 3), le droit à la liberté et à

---

23 Convention relative aux droits de l'enfant, signée à New York le 26 janvier 1990, Préambule, art. 23, 28 et 37.

24 B. MAURER, *Le principe de respect de la dignité humaine et la Convention européenne des Droits de l'Homme*, th., Montpellier, 1998.

la sûreté (art. 5), le droit au respect de la vie privée et familiale (art. 8) ou encore la liberté d'expression (art. 10). La Cour estime que « *le respect de la dignité et de la liberté humaines* » est l'essence même des objectifs fondamentaux de la Convention[25]. En 2001, la Cour de Justice des Communautés Européennes l'a d'ailleurs érigé en principe général du droit communautaire, estimant qu'il lui appartenait en conséquence de « *veiller au respect du droit fondamental à la dignité humaine et à l'intégrité de la personne* »[26].

La dignité trouve également sa place dans de nombreuses Constitutions d'États européens, en particulier ceux qui ont connu des régimes totalitaires (Espagne, Italie, Portugal, Grèce…). À titre d'illustration, elle est consacrée dès l'article 1er de la Loi fondamentale de la République fédérale d'Allemagne[27], le Tribunal constitutionnel du même pays allant jusqu'à affirmer que le respect de la dignité humaine est « *le principe constitutionnel fondateur du système des droits fondamentaux* »[28]. Le principe de dignité a été intégré plus tardivement en Suisse à l'occasion d'une révision constitutionnelle du 18 avril 1999. Désormais, à l'instar des autres pays européens, la Suisse confère la dignité comme un « *principe de base des droits fondamentaux* ».

La place centrale accordée à la dignité humaine ne laisse aucune place au doute. Considérée comme le fondement des droits fondamentaux, elle dépasse même les contours de tous les droits existants. Sans attendre l'affaire du « lancer de nain » pour intégrer notre droit, le concept de dignité figurait déjà dans une loi en date de 1986 relative à la liberté de communication, prévoyant explicitement que ladite liberté

---

25 CEDH, 22 nov. 1995, *S.W. c/ Royaume-Uni*, n° 20166/92.

26 CJCE, 9 oct. 2001, affaire C-377/98, *Pays-Bas c/ Parlement et Conseil*, §70 ; Rec. CJCE 2001, I, p. 7079 ; AJDA 2002, p. 326.

27 Grundgesetz für die Bundesrepublik Deutschland, art. 1er : « *La dignité de l'être humain est intangible. Tous les pouvoirs publics ont l'obligation de la respecter et de la protéger* ».

28 BVerfG, 87, 209, (228), 10 octobre 1992.

puisse être limitée par le respect de la dignité de la personne humaine[29]. Cette loi n'était pas la première à faire mention de la dignité mais participait seulement de l'enthousiasme suscité autour de cette notion à partir de la fin des années 80. En effet, l'article 6 de la Déclaration des droits de l'homme et du citoyen de 1789 ne l'aborde que sous l'angle d'une fonction ou d'une profession. C'est à partir des années 90, plus précisément en 1994, que la notion de dignité ancre sa présence au sein de la loi. Cet engouement se retrouve tout d'abord en droit privé, avec l'article 16 du Code civil[30] et le Nouveau Code Pénal enrichi d'un nouveau Chapitre intitulé « *Des atteintes à la dignité de la personne* »[31] au sein duquel se trouvent notamment les discriminations, le proxénétisme, le respect dû aux morts.

Dans la sphère publique, c'est une décision rendue le 27 juillet 1994 par le Conseil constitutionnel qui marque un véritable tournant pour la notion de dignité dans le domaine de bioéthique. Le Conseil proclame que « *la sauvegarde de la dignité de la personne humaine contre toute forme d'asservissement et de dégradation est un principe à valeur constitutionnelle* »[32]. Ce principe à valeur constitutionnelle est alors rattaché au Préambule de la Constitution du 27 octobre 1946 qui énonce qu' « *au lendemain de la victoire remportée par les peuples libres sur les régimes qui ont tenté d'asservir et de dégrader la personne humaine, le peuple français proclame à nouveau que tout être humain, sans distinction de race, de religion ni de croyance, possède des droits inaliénables et sacrés* ». Ce faisant, les sages de la rue de Montpensier ont respecté l'exigence selon laquelle un principe ou une règle

---

29 L. n° 86-1067 du 30 septembre 1986, relative à la liberté de communication, art. 1er.

30 C. civ. art. 16 : « *La loi assure la primauté de la personne, interdit toute atteinte à la dignité de celle-ci et garantit le respect de l'être humain dès le commencement de sa vie* » (introduit par L. n° 94-653 du 29 juillet 1994 relative au respect du corps humain).

31 Code pénal, Chapitre V, Titre II, Livre II.

32 Cons. const., Décision n° 94-343-344 DC, 27 juillet 1994.

constitutionnelle doit trouver son fondement dans un texte de même valeur[33]. Ce rattachement permet de comprendre dans quel contexte l'intervention du respect de la dignité s'est révélée nécessaire. Un an plus tard, le juge administratif en fait usage à l'occasion de l'affaire du lancer de nain. Elle s'intègre alors, sous un nouveau jour, « *presque simultanément à tous les niveaux de la hiérarchie des normes* »[34].
Par distinction avec la juridiction judiciaire compétente pour trancher les litiges opposant deux personnes privées, la juridiction administrative est compétente pour trancher les litiges opposant une personne privée à l'État, une collectivité territoriale, un établissement public ou un organisme privé chargé d'une mission de service public. Si les deux juridictions ont pour mission la protection des libertés, seule l'utilisation du concept de dignité par le juge administratif retiendra notre attention. En effet, c'est au juge administratif que revient le contrôle des mesures prises pour la sauvegarde de l'ordre public, à la lumière du respect de la dignité de la personne humaine, depuis qu'il en a fait une de ses composantes.

Par deux décisions en date du 27 octobre 1995, le Conseil d'État proclame que « *le respect de la dignité humaine est une des composantes de l'ordre public* ». Pour la première fois, le Conseil d'État utilise ce principe dans le but de mettre fin aux spectacles de « lancer de nain » et l'érige au rang de composante de l'ordre public. Pour mieux comprendre cette décision et pourquoi elle a fait polémique, un bref rappel des faits s'avère nécessaire. En l'espèce, une personne de petite taille travaillait dans une discothèque et était la vedette d'un spectacle consistant à la projeter dans les airs par des spectateurs. Cette animation, qui permettait au « cascadeur » de gagner sa vie, se produisait dans diverses discothèques près

---

33 *V.* G. VEDEL, « *Le précédent judiciaire en droit public français* », R.I.D.C., Journée de la Société de législation comparée, 1984, vol. 6, p. 265 et s.
34 P. FRYDMAN, « Les vingt ans de l'arrêt *Commune de Morsang-sur-Orge* – À propos de la dignité de la personne humaine », RFDA 2015, p. 1100.

de Paris, tout du moins jusqu'à ce que certains maires décident d'user de leur pouvoir de police générale pour l'interdire. Mécontents de ne plus pouvoir exercer cette activité lucrative, l'intéressé ainsi que la société de production ont formé un recours pour excès de pouvoir contre ces arrêtés municipaux, notamment celui pris par le maire de la commune de Morsang-sur-Orge. Dans l'ensemble, les tribunaux administratifs ont alors censuré ces interdictions. Certains de leurs jugements ont néanmoins été frappés d'appel puis amenés devant la plus haute juridiction administrative. C'est à cette occasion que le Conseil d'État rend les deux décisions du 27 octobre 1995. Désavouant la solution retenue par les juges du fond, il estime que ce spectacle « *porte atteinte à la dignité de la personne humaine* ». Par la même, il valide les arrêtés municipaux procédant à l'interdiction de ce spectacle et ce, « *même en l'absence de circonstances locales particulières* ». Alors, il semblerait, *a priori*, que l'arrêt ne comporte aucune innovation à deux égards.

Premièrement, le juge administratif utilisait déjà le concept de dignité avant de le consacrer comme une des composantes de l'ordre public. Il s'agissait, par exemple, de contentieux relatifs aux contrôles exercés sur des salariés aux sorties d'une société pour lesquels le Conseil d'État a pu rappeler la nécessité de préserver « *la dignité et l'intimité de la personne humaine* »[35] ou encore à l'obligation pour des médecins de respecter la dignité de leurs patients[36]. Toutefois, la dignité était ici employée dans sa dimension subjective[37], comme une composante de l'individu. Il n'était fait aucunement référence à la dignité entendue comme essence même de l'être humain,

---

[35] CE, 11 juill. 1990, *Ministre des affaires sociales et de l'emploi c/ Syndicat CGT de la société Griffine-Maréchal*, n° 86022, Lebon 215.

[36] CE, 30 sept. 1988, n° 66223.

[37] O. BONNEFOY, « Dignité de la personne humaine et police administrative, Les noces de porcelaine d'un mariage fragile », AJDA 2016, p. 418.

à une « *représentation de ce qu'est l'humanité digne* » comme le disait très justement M. Jean-Marc SAUVÉ[38].

Deuxièmement, si la Haute juridiction a certes étendu le champ de l'ordre public de façon importante, des décisions précédentes permettaient de prévoir une évolution en ce sens. En effet, le célèbre arrêt *Société Les Films Lutétia*[39] tendait déjà à appréhender l'ordre public sous l'angle de la moralité. Alors que la jurisprudence *Benjamin* ne permettait de prendre des mesures de police à l'encontre d'activités susceptibles de porter atteinte à la morale et aux bonnes mœurs uniquement si le désordre moral avait pour conséquence un désordre matériel, la jurisprudence *Lutétia* a élargi les contours de l'ordre public en reconnaissant au maire la possibilité « *d'interdire sur le territoire de celle-ci la représentation d'un film auquel le visa d'exploitation ministériel a été accordé, mais dont la projection est susceptible d'entraîner des troubles sérieux* ». Une telle interdiction est rendue possible pour le cas où « *à raison du caractère immoral dudit film et de circonstances locales* », cette projection se révèle « *préjudiciable à l'ordre public* ». Premier pas vers l'immoralité, ces jurisprudences laissaient entrevoir une évolution tout en subordonnant des conséquences matérielles à un désordre moral. Mais la solution retenue dans l'arrêt Commune de Morsang-sur-Orge a été bien au-delà des espérances en ajoutant la dignité de la personne humaine à la trilogie matérielle de l'ordre public.

Malgré tout, le juge a fait le choix important de rompre avec la moralité publique pour la remplacer par ce nouveau principe – qui n'a d'innovante que l'utilisation qui en est faite – qu'est le respect de la dignité humaine, propre au droit administratif. Ces deux décisions riches en contenu sont véritablement venues modeler l'ordre public français. Faute de quoi, et le commissaire

---

[38] J.-M. SAUVÉ, « *Dignité humaine et juge administratif* », *préc.*

[39] CE, sect., 18 déc. 1959, *Société Les films Lutétia et Syndicat français des producteurs et exportateurs de films*, n° 36385 36428, Lebon 693.

du gouvernement de l'époque l'avait d'ailleurs précisé[40], le juge administratif n'aurait pu valider ces arrêtés municipaux.

Toutes les allusions à la dignité, qu'elles soient faites par le législateur ou par le juge, ne définissent jamais véritablement cette notion qui échappe ainsi à toute définition juridique positive. Aujourd'hui, la dignité est présente dans plusieurs textes de lois et codes (code de la santé publique[41], code de l'action sociale et des familles[42], code de procédure pénale, code civil, code du travail et statut général des fonctionnaires[43]). Partant, la dignité de la personne humaine est désormais invocable pour les justiciables, à la fois comme une composante de l'ordre public et comme un principe à valeur constitutionnelle. En France, les droits fondamentaux se développent essentiellement grâce à l'intervention du juge. L'importance de sa jurisprudence est ainsi à considérer, puisqu'elle détermine au cas par cas, ce qui constitue une atteinte au principe de dignité.

Principe à valeur constitutionnelle, la dignité est un droit fondamental qui peine à trouver sa juste place au milieu des droits qu'elle est censée garantir. C'est une référence centrale dont les requérants usent au sein de leurs requêtes pour garantir leur intégrité physique et mentale, leur droit d'asile, l'accès aux soins, leur relation avec le personnel médical... Mais l'utilisation

---

40 P. FRYDMAN, concl. *préc.*, p. 1204.

41 CSP, art. L. 326-3 « *lorsqu'une personne atteinte de troubles mentaux est hospitalisée sans son consentement (...) les restrictions à l'exercice de ses libertés individuelles doivent être limitées à celles nécessitées par son état de santé et la mise en œuvre de son traitement. En toutes circonstances, la dignité de la personne hospitalisée doit être respectée et sa réinsertion recherchée* ».

42 *V.* par exemple CASF, art. L. 115-1 selon lequel « *la lutte contre la pauvreté et les exclusions est un impératif national fondé sur le respect de l'égale dignité de tous les êtres humains et une priorité de l'ensemble des politiques publiques de la nation* » ou encore CASF, art. L. 116-2 qui prévoit que « *l'action sociale et médico-sociale est conduite dans le respect de l'égale dignité de tous les êtres humains avec l'objectif de répondre de façon adaptée aux besoins de chacun d'entre eux et en leur garantissant un accès équitable sur l'ensemble du territoire* ».

43 C. trav., art. L. 1151-1.

fréquente du principe de dignité de la personne humaine ne pourrait-elle pas avoir pour conséquence de le dénaturer ? L'engouement récent que connaît ce principe pourrait en effet conduire à le relativiser et à l'éloigner du sens premier qui lui était donné.

Composante de l'ordre public, sa teneur est variable en fonction du pouvoir politique, du lieu ou de l'époque considérés, l'ordre public étant une notion aux contours variables. Il est de l'office du juge administratif de contrôler la licéité des mesures de police prises pour garantir le respect de la dignité de la personne humaine ; ce que certains voient immédiatement d'un mauvais œil, craignant l'avènement d'un ordre moral qui serait impulsé par le juge.

De cette présentation, il résulte que le concept de dignité de la personne humaine est d'une richesse infinie, puisque présenté comme le principe duquel découleraient tous les autres. Sa manipulation n'est toutefois pas sans risques. Souvent mis en balance avec d'autres libertés, le juge veille à en limiter l'exercice lorsqu'une atteinte lui est faite. Il s'agit alors pour ce dernier de procéder à un travail minutieux, casuistique, pour que cette notion ne devienne pas « liberticide » ou vide de sens.

Pour véritablement appréhender la dignité de la personne humaine, il revient, dans un premier temps, d'étudier de manière approfondie la jurisprudence du juge administratif (PARTIE 1). Souffrant en effet d'une absence de définition précise, cette étape de recensement constituera un point de départ qui permettra d'envisager tous les domaines dans lesquels la dignité est invoquée et comment elle est façonnée par le juge. Ce travail fait, il s'agira, dans un second temps, de déterminer sa nature et de s'aventurer dans les controverses relatives à sa valeur, son contenu, son champ d'application et son utilisation (PARTIE 2).

PARTIE 1. L'UTILISATION DU PRINCIPE DE DIGNITÉ HUMAINE PAR LE JUGE ADMINISTRATIF

Les notions d'ordre public et de dignité humaine sont intrinsèquement liées, surtout depuis que le Conseil d'État a hissé cette dernière au rang de composante de l'ordre public. Ce principe de dignité de la personne humaine connaît un franc succès ces dernières années, à tel point que nous ne recensons pas moins de 715 arrêts le mentionnant, au titre de la jurisprudence administrative, contre 358 pour le juge judiciaire. Cet engouement tient à la double-fonction du principe de dignité. La dignité humaine, en tant que composante de l'ordre public, est utilisée pour légitimer l'intervention de l'État et de ses agents et constitue dès lors une limite aux droits et libertés des citoyens. Elle est ici entendue au sens large, universel, la Dignité de l'Homme. Le juge administratif a alors tendance à prononcer la censure de certains comportements dans le but de la protéger (Chapitre 1). Dans le même temps, la dignité est invoquée par les individus pour garantir le respect de leurs droits et libertés. En pareil cas, le juge administratif peut alors caractériser une atteinte à la dignité de la personne causée par l'État ou ses agents et engager leur responsabilité (Chapitre 2). Ce principe sert donc autant l'homme que l'humanité. En d'autres termes, elle peut autant être qualifiée de « dignité-ordre » que de « dignité-droit »[44].

[44] O. BONNEFOY, « Dignité de la personne humaine et police administrative, Les noces de porcelaine d'un mariage fragile », AJDA 2016, p. 418.

CHAPITRE 1. LA DIGNITÉ COMME RESTRICTION À DES LIBERTÉS FONDAMENTALES

Pour commencer, la dignité comprise comme une composante de l'ordre public permet de protéger celui-ci des atteintes qui pourraient lui être portées et, par conséquent, de fonder l'intervention de mesures de police. C'est en tout cas dans cette perspective qu'elle a été consacrée par le juge administratif (Section 1). Mais la préservation de l'ordre public et l'intervention de la police administrative supposent nécessairement de limiter la liberté de chacun. La dignité s'oppose alors à l'exercice de certaines libertés individuelles telles que la liberté d'expression, de manifestation ou de réunion (Section 2).

SECTION 1. UNE COMPOSANTE DE L'ORDRE PUBLIC

Il s'agira dans un premier temps d'approfondir l'étude des deux décisions rendues par le Conseil d'État le 27 octobre 1995, *Commune de Morsang-sur-Orge* et *Ville d'Aix-en-Provence*, afin de mieux cerner le contexte et la portée d'une telle consécration (§1). La crainte d'une ouverture excessive du champ de l'ordre public doit cependant être relativisée puisque nous constaterons la censure de nombreux arrêtés municipaux à portée sociale (§2).

§1. L'AVENEMENT D'UN ORDRE PUBLIC IMMATERIEL

L'ordre public est une notion qui s'est enrichie au cours du XXe siècle. C'est tout d'abord la moralité qui a opéré un premier élargissement du périmètre de ce concept (A). Traditionnellement pensé de manière objective, il a dû s'adapter aux nouvelles considérations d'ordre moral et c'est à la suite de cette première évolution que la dignité de la personne humaine est à son tour venue l'enrichir. Par deux arrêts rendus célèbres, le Conseil d'État a hissé la dignité de la personne humaine au rang de composante de l'ordre public (B).

A) L'abandon de la conception classique de l'ordre public

Dans sa conception traditionnelle, l'ordre public est uniquement matériel (1). Ce n'est qu'au début du XXe siècle qu'il s'est ouvert à la moralité (2).

1. La trilogie classique : tranquillité, sécurité, salubrité publiques

Au sein de la trilogie traditionnelle de l'ordre public figurent comme composantes la tranquillité, la sécurité et la salubrité publiques. La grande loi municipale du 5 avril 1884, dans son article 97, énonçait que « *la police municipale a pour objet d'assurer le bon ordre, la sûreté, la sécurité et la salubrité publiques* »[45]. Une disposition importante qui a su traverser les décennies sans la moindre modification, l'article L. 2212-2 du Code général des collectivités territoriales actuel reprenant, en effet, ces termes à l'identique. À cette période, l'ordre public était présenté par Maurice HAURIOU[46] comme un « *ordre matériel et extérieur* » dont les atteintes pouvaient se manifester par des troubles. En ce sens, il considérait que « *l'ordre public, au sens de la police, est l'ordre matériel et extérieur considéré comme un état de fait opposé au désordre, l'état de paix opposé à l'état de trouble. Pour la police, mérite d'être interdit tout ce qui provoque du désordre, mérite d'être protégé ou toléré tout ce qui n'en provoque point* ». Ainsi compris,

---

[45] L. municipale du 5 avril 1884 sur l'organisation municipale.
[46] M. HAURIOU, *Précis de droit administratif et de droit public*, Sirey, 12e éd., 1933, p. 549.

l'ordre public ne laissait aucune place à toute considération morale et se cantonnait à ses trois composantes qu'étaient la tranquillité, la sécurité et la salubrité publiques. Le bon ordre, ou tranquillité publique, justifie l'exercice de mesures de police en cas de rixes, bruits, manifestations susceptibles de perturber les habitants. La sécurité publique, qui englobe la sûreté, comporte toutes les mesures visant à sauvegarder la sécurité physique des personnes et l'intégrité matérielle des biens (prise en charge des activités de secours et d'incendie ou encore mesures concernant des immeubles menaçant ruines). Enfin, la salubrité publique concerne essentiellement l'hygiène et la santé publique permettant, par exemple, à l'autorité de police de prendre des mesures pour le balayage de trottoirs ou le ramassage des ordures. Ont pu justifier l'intervention de ces mesures à cette époque la nécessité de détruire des vipères[47] ou encore la mise en fourrière de chiens errants[48].

Morale mise à part, la police n'essaierait donc pas « *d'atteindre les causes profondes du mal social* » mais aurait pour mission de rétablir l'ordre matériel. Maurice HAURIOU pointait déjà du doigt les risques d'un comportement contraire, qui « *verserait immédiatement dans l'inquisition et dans l'oppression des consciences à cause de la lourdeur de son mécanisme* »[49]. Il considérait justement que la police ne doit intervenir que pour empêcher la réalisation d'un trouble à l'ordre public et ne pas se situer plus en amont en restreignant la liberté d'expression. Le respect des libertés se doit d'être mis en balance avec la nécessité de préserver la sécurité de chacun et aucun ne doit empiéter sur l'autre. Cet équilibre serait alors fortement menacé si le rôle de la police municipale n'était pas limité à la prévention de ces

---

47 CE, 6 février 1903, *Terrier*, n° 07496, Lebon 94, concl. ROMIEU ; S. 1903.3.25, concl., note HAURIOU ; AJ 2003.153, art. D. COSTA.
48 CE, 4 mars 1910, *Thérond*, Lebon 193, concl. PICHAT ; S. 1911. 3.17, concl. note HAURIOU ; RDP 1910. 279, note JÈZE.
49 M. HAURIOU, *Précis de droit administratif et de droit public*, *loc. cit.*

troubles, troubles définis ici le plus précisément possible malgré le caractère général de ses composantes.
L'ordre public a pourtant connu l'évolution inverse puisqu'est venue s'y ajouter la moralité publique.

2. Une ouverture à la moralité

La moralité publique est venue intégrer la conception classique de l'ordre public dans la première moitié du XXe siècle à l'occasion d'un arrêt rendu le 17 décembre 1909 par le Conseil d'État. En l'espèce, le juge administratif a admis la légalité des mesures prises par le préfet de police, destinées à lutter contre la prostitution, considérant que ce dernier « *n'a fait qu'user des pouvoirs qu'il tient de la loi des 16-24 août 1790 en vue d'assurer le bon ordre et la moralité publique* »[50]. Ce faisant, le Conseil d'État s'est donc éloigné de ce qui constituait jusqu'alors l'ordre public traditionnel, admettant l'introduction de considérations morales et psychologiques dans la composition de celui-ci. Plus précisément, la moralité correspond au « *minimum d'idées morales communément et naturellement admises et pratiquées, à une époque et un lieu donnés, par la moyenne des individus composant cette collectivité et que la société entend faire respecter* »[51].
Il apparaît alors que l'ordre public traditionnel, matériel et extérieur, est dépassé au profit d'une conception nouvelle tendant à se rapprocher de la morale. Malgré le manque d'abondance des arrêts mentionnant la moralité publique les années suivantes, cette notion retrouve un réel intérêt avec l'arrêt *Société les Films Lutétia*[52] rendu le 18 décembre 1959 par lequel le Conseil d'État donne raison à un maire ayant pris un

---

[50] P. TIFINE, *Droit administratif français*, Éditions juridiques franco-allemandes, 4e éd., n° 464.
[51] B. CHÉRIGNY, *Le juge administratif gardien de la moralité des administrés*, th., Poitiers, 1968, p. 258.
[52] CE, sect., 18 déc. 1959, *Société Les films Lutétia et Syndicat français des producteurs et exportateurs de films*, n° 36385 36428, Lebon 693.

arrêté visant à interdire la projection du film « Le feu dans la peau » dans sa commune en se fondant sur l'immoralité de celui-ci.

La Haute juridiction reconnaît en effet la validité d'un tel acte dès lors que « *la projection est susceptible d'entraîner des troubles sérieux ou d'être, à raison du caractère immoral dudit film et de circonstances locales, préjudiciable à l'ordre public* ». Il s'agissait en l'espèce de prévenir une atteinte à la sécurité publique puisqu'un risque de troubles sérieux était avéré. Le Conseil d'État se référait à la conception traditionnelle de l'ordre public et ne faisait intervenir aucune composante d'ordre immatériel. Toutefois, et c'est en cela que l'ordre public immatériel survient et conforte d'emblée son assise, il existait également un risque de troubles à la moralité publique. Au caractère immoral du film s'ajoute l'exigence de circonstances locales particulières, une notion approximative qu'il n'est pas aisé de délimiter. En l'espèce, le maire invoquait « *l'existence d'une vague d'immoralité déferlant sur la ville de Nice au début de l'année 1954* » ; propos dont la pertinence a pourtant été remise en doute[53]. L'immoralité d'un film ne suffit pas à justifier l'interdiction de sa diffusion. Celle-ci est nécessairement subordonnée à l'existence de circonstances locales particulières, propres à chaque commune et ce, « *eu égard à son niveau moral moyen* »[54].

Par conséquent, si les conditions ne sont pas réunies, l'arrêté rendu par le titulaire de pouvoir de police administrative sera censuré par le juge administratif. Par exemple, le seul caractère immoral d'affichages publicitaires de « messageries roses » ne suffit pas à provoquer des troubles matériels sérieux. En effet, le juge administratif a considéré « *qu'en l'absence de circonstances locales particulières, qui ne ressortent pas du dossier, le caractère immoral desdites messageries, à le supposer établi, ne peut fonder légalement une*

53 *V.* sur ce point P. WEIL qui évoque une « une clause de style », note ss. CE, sect., 18 déc. 1959, D. 1960, p. 171.

54 B. CHÉRIGNY, *op. cit.*, p. 265.

interdiction de toute publicité en leur faveur»[55]. La jurisprudence *Lutétia* ne se borne pas au domaine du cinéma et trouve à s'appliquer plus largement, par exemple à propos d'enseignes[56].

L'ouverture du champ de l'ordre public par le juge administratif revient à accroître les pouvoirs de la police administrative. Avec l'arrêt *Lutétia*, la moralité publique s'engouffre dans cette nouvelle brèche, dépassant la composition matérielle de l'ordre public. Plus encore, cette jurisprudence conforte les prédictions de la doctrine du début du XXe siècle, comme celles de René CHAPUS qui estimait que « *la moralité publique est la quatrième composante de la notion d'ordre public* »[57]. Cette évolution connaîtra son point d'ancrage avec l'affaire du « lancer de nain » au sein de laquelle l'exigence des circonstances locales particulières sera abandonnée.

B) Une conception renouvelée de l'ordre public

Le Conseil d'État, à l'occasion des arrêts *Ville d'Aix-en-Provence* et *Commune de Morsang-sur-Orge*, a énoncé le principe selon lequel « *le respect de la dignité de la personne humaine est une des composantes de l'ordre public* » (1). De surcroît, il ajoute que « *l'autorité investie du pouvoir de police municipale peut, même en l'absence de circonstances locales particulières, interdire une attraction qui porte atteinte au respect de la dignité de la personne humaine* » (2).

1. Le triomphe de la dignité sur le consentement

En l'espèce, deux conceptions de la dignité semblaient s'opposer en tous points. D'un côté une dignité individuelle,

---

55 CE, 29 déc. 1997, *Cne d'Arcueil*, n° 171134, Lebon 512.
56 *V.* CE 11 mai 1977, *Ville de Lyon*, n° 01567, Lebon 211, à propos de l'interdiction d'apposer des enseignes de « sex-shop » en raison de circonstances particulières à la commune.
57 R. CHAPUS, *Droit administratif général*, L.G.D.J., 15e éd., p. 596.

celle du « cascadeur », qui avançait le fait que cette activité, qu'il pratiquait de façon consentie, lui permettait de vivre décemment, de gagner sa vie. D'un autre côté, une dignité universelle, incompatible avec ce type d'activité jugée attentatoire à la dignité des personnes souffrant de nanisme. La plus haute juridiction administrative fait alors prévaloir une dignité absolue face à la volonté individuelle de l'intéressé. Un choix parfois désapprouvé, notamment par le professeur Emmanuel DREYER qui regrette que le Conseil d'État ait ici fait primer « *une dignité sociale sur la perception que le nain pouvait avoir de sa dignité en cherchant à gagner sa vie par le travail plutôt que par l'Assistance publique* »[58]. Le respect de la dignité se fait donc contre sa volonté, ce que d'aucuns justifient par le fait que « *le propre du droit administratif est la prise en compte de l'intérêt général, l'emportant, au besoin, sur le souhait de l'individu* »[59]. Autrement dit, « *les juges ont opposé à la dignité propre du nain ce qu'ils considéraient être un comportement digne de son Humanité* »[60]. Partant, comment expliquer qu'une personne voit l'exercice de ses droits limité par le respect de sa propre dignité ?

Protectrice et liberticide, le double visage de ce principe nouveau en droit administratif interroge. Le professeur Gilles LEBRETON condamne d'ailleurs cette solution du Conseil d'État, partageant sa crainte d'un ordre moral décidé par le juge. Il se demande, en effet, si « *dès lors qu'aucune loi ne les interdit, et que les consciences collectives nationales ou locales ne les réprouvent pas, peut-on s'arrêter à l'opinion d'un professeur de droit ou d'une poignée de conseillers d'État pour avaliser leur prohibition ?* »[61]. Il

---

58 E. DREYER, « *Dignité et droits fondamentaux* », *in* D. CHAGNOLLAUD et G. DRAGO (dir.), *Dictionnaire des droits fondamentaux*, Dalloz, 2006, p. 251.

59 B. GENEVOIS, « La dignité de la personne humaine : principe symbolique ou réalité juridique ? », *in L'exigence De Justice – Mélanges en l'honneur de Robert Badinter*, Dalloz, 2016, pp. 445-478.

60 M. GOUGUET, *L'encadrement juridique de la libre disposition de soi*, th., Limoges, 2019.

61 G. LEBRETON, « Ordre public, ordre moral et lancer de nain », D. 1996, p. 177.

est vrai qu'aucune incrimination pénale ne couvrait ce genre de représentation, ce qui limitait considérablement le nombre de personnes pouvant intervenir en la matière[62].

Il semblerait toutefois que ce soit le caractère singulier des faits qui ait incité le juge à procéder à une construction inédite. Comme le relevait le commissaire du gouvernement Patrick FRYDMAN, les dispositions du troisième paragraphe de l'article L. 131-2 du Code des communes, alors en vigueur, selon lesquelles « *le maintien du bon ordre dans les endroits où il se fait de grands rassemblements d'hommes, tels que les [...] spectacles, jeux, cafés [...] et autres lieux publics* » qui pouvaient justifier l'intervention de la police municipale ne trouvaient pas à s'appliquer en l'espèce[63]. Effectivement, ces dernières ne visaient qu'à garantir la sécurité du public ou à prévenir d'éventuels troubles matériels à l'ordre public. Les conditions n'étaient alors pas réunies puisque la sécurité du public était assurée (ainsi que celle du cascadeur au moyen de protections) et que le principe en matière de trouble à l'ordre public, tel qu'énoncé dans la jurisprudence *Benjamin*, est « *que la légalité d'une mesure d'interdiction se trouve subordonnée à l'existence de risques d'une ampleur telle que les forces de l'ordre ne seraient pas en mesure d'y faire face* »[64]. C'est alors bien le fait qu'une personne humaine, souffrant de nanisme, soit « rabaissée au rang d'objet »[65] et serve de projectile lancé par les spectateurs eux-mêmes qui a justifié la mise en avant de la dignité de la personne humaine. Ainsi, le but des mesures de police générale ne se limite plus à la protection des individus contre les abus des autres puisqu'il s'accapare également la protection de l'individu contre lui-même. Cette évolution initiée par le juge interpelle :

---

62 Seuls les maires peuvent contrôler les « spectacles vivants », contrairement au domaine du cinéma qui relève du ministère de la Culture, puisqu'il n'existe pas de police exercée au niveau national.

63 P. FRYDMAN, concl. CE, Ass., 27 oct. 1995, *Commune de Morsang-sur-Orge* & *Ville d'Aix-en-Provence*, n° 136727, Lebon 372, RDFA 1995. 1204.

64 P. FRYDMAN, préc.

65 *Ibid.*

le juge administratif n'a-t-il pas trop ouvert les vannes d'un ordre public aux contours déjà fragilisés par l'intégration de considérations morales ?

2. L'émancipation des circonstances locales

Après avoir hissé la dignité humaine au rang de composante de l'ordre public, le juge administratif valide les arrêtés municipaux interdisant le spectacle. Or, une telle solution n'était pas possible sur le terrain de la moralité publique. Selon la jurisprudence *Société Les Films Lutétia,* la légalité de tels arrêtés est subordonnée à l'existence de circonstances locales qui faisait ici défaut. L'utilisation du principe de dignité permet ainsi au juge de s'émanciper de cette exigence pour prononcer la validité des règlements litigieux. Dans ce cas de figure, la dignité fonde à elle seule une mesure de police administrative. En outre, le professeur Marguerite CANEDO-PARIS remarque que « *l'atteinte à la dignité sera appréciée en dehors de tout élément réellement objectif et rationnel* ». En pareil cas, la dignité humaine « *apparaît comme un ressenti davantage que comme un concept juridique précis et fiable, donnant un véritable blanc-seing au juge chargé d'en déterminer subjectivement le contenu* »[66]. Ce raisonnement auquel il est aisé d'adhérer mérite d'être complété par quelques remarques. Une fois encore, une telle solution n'a été possible que parce qu'il existait un vide juridique en la matière et il est admis qu'en l'absence de texte il revient au juge de palier à ces carences. En ce qui concerne les circonstances locales, la satisfaction de cette condition n'était, en tous les cas, pas pertinente en l'espèce. En effet, comme l'avance avec raison Patrick FRYDMAN dans son commentaire, il aurait été difficile de justifier de circonstances *locales* pour procéder à l'interdiction de ce spectacle de « lancer de nain » qui avait vocation à être produit partout sur le territoire national. La

---

[66] M. CANEDO-PARIS, « La dignité humaine en tant que composante de l'ordre public : l'inattendu retour en droit administratif français d'un concept controversé », RFDA 2008 p. 979.

solution de principe dégagée par le Conseil d'État devrait, comme le souligne son commissaire, « *conduire à interdire systématiquement les spectacles en cause* ». De surcroît, et partant du constat qu'il n'existe pas de contrôle opéré à l'échelle nationale de ce type de spectacle, il est permis de penser que la police du maire « *doit pouvoir s'exercer sur la base d'autres éléments que les seules circonstances locales particulières à la prise en considération desquelles il serait autrement strictement cantonné* »[67].

Mais que répondre aux détracteurs de cette décision qui craignent alors une censure systématique due à une marge d'appréciation trop importante laissée aux titulaires du pouvoir de police municipale ?
Nonobstant la valeur réelle de cette jurisprudence, la dignité de la personne humaine, certes présentée comme composante de l'ordre public, souffre cruellement d'un manque de définition. Pour éviter que le champ d'intervention du maire ne soit illimité, le juge administratif opère alors un contrôle strict, au cas par cas, des mesures qu'il prend au titre de la dignité humaine.

§2. L'OFFICE DU JUGE DANS LA DELIMITATION DU PRINCIPE DE DIGNITE

Avec les deux décisions précédemment évoquées, le juge administratif a ouvert le champ de l'ordre public et par conséquent celui des pouvoirs de police du maire pour interdire des spectacles si le respect de la dignité de la personne humaine le commande[68]. Conscient des risques qui

---

67 P. FRYDMAN, *préc.*

68 *Contra.* G. GLÉNARD, « La dignité de la personne humaine : un ordre de valeurs ? », RFDA 2015, p. 869, qui estime à l'inverse que le périmètre de la dignité humaine est plus restreint que celui de la moralité publique et qu'une telle solution ne revient pas, de ce fait, à accroître les pouvoirs du maire.

peuvent découler d'une telle plasticité, il se montre *de facto* extrêmement prudent dans l'utilisation qu'il fait du principe de dignité. Il renforce alors son contrôle des mesures de police (B) en rejetant l'emploi de la dignité au soutien de mesures à finalité sociale (A).

A) Le rejet des mesures à finalité sociale

La prudence du juge est plus que confirmée en ce qui concerne les mesures à finalité sociale adoptées par certains maires (1), ainsi que les expulsions locatives des familles qui rencontrent des difficultés économiques et sociales (2), qu'il se refuse d'approuver de manière quasi-systématique.

1. Les coupures d'eau, de gaz et d'électricité

Avec la volonté de préserver notamment la dignité de la personne humaine, plusieurs arrêtés municipaux ont interdit les coupures d'eau, de gaz ou d'électricité pour les personnes en difficultés économiques et sociales. Ces arrêtés se sont heurtés à une censure automatique du juge administratif « *dès lors qu'aucun trouble à l'ordre public, actuel ou prévisible* »[69] n'était établi. Cela a par exemple été le cas pour l'arrêté pris par le maire de la commune d'Emerchicourt qui interdisait les coupures d'énergie électrique et de gaz sur le territoire de la commune en vertu des articles L. 2212-1 et L. 2212-2 du Code général des collectivités territoriales prévoyant que le maire est chargé de la police municipale afin « *d'assurer le bon ordre, la sûreté, la sécurité et la salubrité publiques* ». Par un arrêt confirmatif, la Cour administrative d'appel de Douai prononce l'annulation de l'arrêté. D'une part, elle considère que les coupures d'électricité et de gaz ne justifient pas le recours par le maire à ses pouvoirs de police tels que précités en raison de leur imprécision et de leur éventualité.

---

[69] F. LLORENS, « Justice administrative et dignité humaine », RDP 2011, p. 299.

D'autre part, elle affirme que « *ni les dispositions du préambule de la Constitution du 27 octobre 1946 selon lesquelles, d'une part, la nation assure à l'individu et à la famille des conditions nécessaires à leur développement et, d'autre part, tout être humain qui se trouve dans l'incapacité de travailler a le droit d'obtenir de la collectivité des moyens convenables d'existence, ni les règles et principes de valeur constitutionnelle que constituent la sauvegarde de la dignité de la personne humaine, la possibilité pour toute personne de disposer d'un logement décent ou la promotion du logement des personnes défavorisées, n'ont pu par eux-mêmes donner un fondement légal suffisant à l'arrêté litigieux, et ce alors même que leur respect s'impose aux autorités publiques* »[70].

2. Les expulsions locatives

Les arrêtés municipaux destinés à interdire les expulsions locatives de familles en difficultés économiques et sociales ont subi le même sort que les précédents. En effet, l'article 16 de la loi n° 91-650 du 9 juillet 1991 « *réserve à l'État et à lui seul la charge de prêter le concours de la force publique à l'exécution des jugements ainsi que l'appréciation des risques engendrés par leur mise en œuvre, et la prise en compte des considérations d'ordre humanitaire relevant, quant à elle, de la seule autorité judiciaire* »[71]. Malgré l'exigence prononcée à l'article 115-1 du Code de l'action sociale et des familles qui fonde la lutte contre les exclusions sur l'égale dignité des êtres humains[72], le juge refuse d'ouvrir le champ de la dignité pour y inclure des considérations purement économiques et sociales. Cette situation illustre « *l'inadaptation de la réponse juridique à des situations dignes de la plus grande attention à raison de leurs enjeux*

70 CAA Douai, 29 déc. 2005, *Cne d'Emerchicourt*, n° 05DA00727.

71 F. LLORENS, *art. préc.*

72 CASF, art. 115-2 : « *La lutte contre la pauvreté et les exclusions est un impératif national fondé sur le respect de l'égale dignité de tous les êtres humains et une priorité de l'ensemble des politiques publiques de la nation* ».

moraux, mais qui sont bien plus utilement appréhendées par la sphère sociale et/ou économique que par le droit »[73].

Une nuance peut toutefois être apportée puisque le Conseil d'État a tout de même admis le contraire pour le cas où « *la survenance de circonstances postérieures à la décision judiciaire d'expulsion telle que celle-ci serait susceptible d'attenter à la dignité de la personne humaine* », sans que le principe de séparation des pouvoirs ne soit mis à mal. Il ajoute qu' « *en cas d'octroi de la force publique, il appartient au juge de rechercher si l'appréciation à laquelle s'est livrée l'administration sur la nature et l'ampleur des troubles à l'ordre public susceptibles d'être engendrés par sa décision ou les conséquences de l'expulsion des occupants compte tenu de la survenance de circonstances postérieures à la décision de justice l'ayant ordonnée, n'est pas entachée d'une erreur manifeste d'appréciation* »[74]. Quoi qu'il en soit, un maire ne détient pas le pouvoir d'empêcher une expulsion locative si aucune décision de justice ne l'ordonne. Il en est de même si aucune disposition législative ne le prévoit[75].

B) Le contrôle des mesures de police

Il est de l'office du juge administratif de contrôler les mesures de police administrative, un contrôle qui a pu être qualifié de « tutelle contentieuse »[76] (1). Le juge des référés est également

---

[73] S. BRACONNIER, « Les arrêtés municipaux anti-coupures d'eau : une réponse juridique inadaptée à un problème social réel », AJDA 2005, p. 644.

[74] CE, 30 juin 2010, *Ministère de l'Intérieur, de l'Outre-mer et des collectivités territoriales*, n° 332259, Lebon 225.

[75] CAA Versailles, 16 déc. 2011, n° 11VE00433.

[76] Selon l'expression du président ROMIEU dans ses conclusions sur l'affaire *Jacquin* (CE 30 novembre 1906, *Jacquin*, S. 1907.3.19), cité par J.-M. SAUVÉ, « Le juge administratif, protecteur des libertés », Discours prononcé lors du Colloque organisé pour les dix ans de l'Association française pour la recherche en droit administratif (AFDA) à l'Université d'Auvergne, 16 juin 2016.

compétent pour procéder à un tel contrôle si l'urgence le justifie (2).

1. La « tutelle contentieuse »

Bien avant que la dignité de la personne humaine ne devienne une composante de l'ordre public, le juge administratif procédait déjà à un contrôle des mesures de police. Le commissaire du gouvernement ROMIEU parlait ainsi de « *tutelle contentieuse* ». C'est dans cette optique que le commissaire CHARDENET avait même déclaré aux membres du Conseil d'État : « *vous qui êtes appelés à jouer un peu le rôle de supérieur hiérarchique des autorités administratives, vous devez examiner quelle est la limite des devoirs du maire et rechercher si les arrêtés de police ont été pris dans l'intérêt du maintien de l'ordre public* »[77]. Le juge opère alors un plein contrôle sur les mesures de police, s'assurant « *de leur adéquation aux circonstances de temps et de lieu propres à chaque situation* »[78], puisque les interdictions formulées par les titulaires du pouvoir de police ne peuvent être ni générales ni absolues. Le juge des référés contribue aussi à contrôler la licéité des mesures de police lorsque l'urgence le nécessite.

2. Le juge des référés

De son côté, le juge des référés joue un rôle dans l'élaboration du principe de dignité et le façonne au moyen des ordonnances qu'il rend. Son intervention est légitime puisque « *quand la maison brûle on ne va pas demander au juge*

---

[77] P. CHARDENET, concl. CE, 19 févr. 1909, *Abbé Olivier*, Lebon 181, S. 1909.3.34.

[78] B. STIRN, « *Ordre public et libertés publiques* », Intervention du 17 septembre 2015 lors du Colloque sur l'Ordre public organisé par l'Association française de philosophie du droit les 17 et 18 sept. 2015.

l'autorisation d'y envoyer les pompiers »[79]. Deux affaires qui lui ont été soumises méritent ici particulièrement notre attention.

La première est celle dite de la « *soupe au cochon* »[80]. En l'espèce, une association distribuait sur la voie publique des « soupes gauloises » contenant du porc aux sans-abris. Excluant dès lors toute une communauté de personnes qui, pour des raisons religieuses, ne consommait pas de porc, le préfet avait interdit ces rassemblements en raison de leur caractère discriminatoire. Cet arrêté préfectoral est d'abord suspendu par le juge des référés du tribunal administratif de Paris pour absence de troubles matériels à l'ordre public avant d'être étudié par le Conseil d'État. À l'inverse, la Haute juridiction considère qu'il y a une atteinte « *à la dignité des personnes privées du secours proposé et de causer ainsi des troubles à l'ordre public* » ; une décision confirmée *a posteriori* par la Cour européenne des droits de l'homme[81]. À l'instar de l'affaire du « lancer de nain », le respect de la dignité de la personne humaine a donc permis de justifier une mesure de police dont la légitimité n'aurait pas été garantie si le juge s'en était uniquement remis à la conception matérielle de l'ordre public.
La deuxième illustration est l'affaire de pâtisseries caricaturales. Pendant plusieurs années, une boulangerie située dans la ville de Grasse exposait dans sa vitrine des pâtisseries censées représenter « *des personnages de couleur noire présentés dans une attitude obscène et s'inscrivant délibérément dans l'iconographie colonialiste* ». En l'absence de réponse du maire à qui le Conseil Représentatif des Associations Noires avait demandé d'exercer ses pouvoirs de police pour faire cesser cette exposition, ce dernier a saisi le juge des référés du

---

79 J. ROMIEU, concl. T. confl., 2 déc. 1902, *Société immobilière de Saint-Just*, Lebon 713, D. 1903.3.41.

80 CE, ord., 5 janv. 2007, *Association « Solidarité des Français »*, n° 30031 ; Lebon 1013, AJDA 2007. 601, note B. PAUVERT.

81 CEDH, 16 juin 2009, *Association « Solidarité des Français » c/ France*, n° 26787/07.

tribunal administratif de Nice. Le tribunal fait droit à sa demande et enjoint au maire de Grasse de procéder à cette interdiction. L'affaire remonte ainsi devant le juge des référés du Conseil d'État, qui estime à l'inverse que le refus de l'autorité investie du pouvoir de police municipale, consécutif à son abstention, d'intervenir pour faire cesser l'atteinte à la dignité de la personne humaine causée par cette exposition ne constitue pas une illégalité manifeste qu'il appartient au juge des référés de faire cesser[82].
La position adoptée par le juge administratif permet ici de constater que discrimination n'est pas obligatoirement synonyme d'atteinte à la dignité de la personne humaine (et inversement). Toujours en tant que composante de l'ordre public, la dignité est par ailleurs utilisée par le juge pour venir limiter l'exercice de libertés fondamentales.

SECTION 2. UNE LIMITE À LA LIBERTE D'EXPRESSION

La dignité de la personne humaine est tout autant une liberté qu'une limite à la liberté. À ce titre est-elle instrumentalisée pour protéger l'ordre public et peut venir restreindre la liberté d'expression lorsqu'une atteinte lui est portée. Afin de préserver la dignité des personnes ou faire cesser une atteinte, les titulaires du pouvoir de police administrative sont compétents pour interdire la représentation de spectacles, réunions ou manifestations qui sont toutes trois des libertés fondamentales[83] (§1). À côté de ce pouvoir de police générale, la police spéciale joue également un rôle dans la protection de la dignité de la

---

[82] CE, ord., 16 avr. 2015, *Sté Grasse Boulange*, n° 389372, Lebon.
[83] CE 26 févr. 2010, *Commune d'Orvault*, n° 336837, AJDA 2010. 1104 ; CE 19 août 2002, *Front national, Institut de formation des élus locaux*, n° 249666, Lebon 311 ; AJDA 2002. 1017, note X. BRAUD.

personne humaine, plus spécifiquement celle de l'audiovisuel (§2).

§1. L'EXTENSION DU CHAMP DE COMPETENCE DE LA POLICE GENERALE

Comment une œuvre artistique peut-elle troubler l'ordre public ? Peut-on restreindre l'exercice d'une liberté constitutionnelle pour protéger l'ordre public ? Ces questions se sont posées à l'occasion de *l'affaire Dieudonné.* Le juge s'empare alors de cette opportunité pour rappeler que les autorités investies du pouvoir de police ont l'obligation d'agir pour prévenir une atteinte à l'ordre public (A) et réaffirme la place de la dignité au rang de composante de l'ordre public (B).

A) L'obligation d'agir

Le spectacle « Le Mur » de l'artiste Dieudonné M'Bala M'Bala a donné lieu à une jurisprudence particulièrement abondante en 2014 et 2015. En effet, celui-ci y tenait des propos à connotation raciste et antisémite sur le ton de « l'humour », venant ainsi heurter un bon nombre de personnes. Le spectacle se retrouve alors au cœur de polémiques, si bien que le ministre de l'Intérieur de l'époque décide de prendre une circulaire à destination des préfets pour les inciter à interdire le spectacle. Dans cette circulaire figurent les conditions dans lesquelles un maire, ou à défaut le préfet, peut interdire un spectacle au titre de ses pouvoirs de police générale. La tenue dudit spectacle dans la commune de Saint-Herblain et l'absence de réaction du maire de la commune a alors conduit le préfet de la Loire-Atlantique à procéder à son interdiction par substitution. L'arrêté préfectoral est alors déclaré illégal par le tribunal administratif de Nantes pour atteinte excessive à la liberté d'expression[84]. Mais cette solution est cassée le jour même par le Conseil d'État qui estime « *qu'il appartient en outre à l'autorité administrative de prendre les mesures de nature à éviter que des infractions pénales soient commises ; qu'ainsi, en se fondant sur les risques que le spectacle projeté représentait pour l'ordre public et sur la méconnaissance des principes au respect desquels il incombe aux autorités de l'État de veiller, le préfet de la Loire-Atlantique n'a pas commis, dans l'exercice de ses pouvoirs de police administrative, d'illégalité grave et manifeste* »[85]. Une position pour le moins critiquée, par exemple par le professeur Jean PETIT qui estime à juste titre que « *le seul fait qu'une conduite soit pénalement répréhensible n'autorise pas l'autorité de police à l'interdire ; seul importe, à cet égard, que le comportement considéré soit de nature à nuire à l'ordre public général, ce qui n'est pas nécessairement le cas de toute infraction pénale* »[86], ce qui reviendrait à méconnaître l'autonomie de l'ordre public par rapport à la loi pénale.

Certes, un principe de régulation locale admet que « *le principe de la liberté ne saurait faire échec aux nécessités du maintien de l'ordre public* »[87] et le juge ne semble d'ailleurs pas faire pencher la balance déraisonnablement puisqu'il sanctionne en contrepartie l'usage du pouvoir de police s'il est injustifié[88] ou disproportionné. Mais la possibilité pour un maire d'interdire un spectacle en raison des propos à connotation raciste qu'il véhicule, ne doit être envisagée que si elle permet d'éviter une atteinte à l'ordre public et non parce que ces propos sont constitutifs d'une infraction pénale (ce domaine appartenant au

---

[84] TA Nantes, ord., 9 janv. 2014, *Société Les Productions de la Plume et M. Dieudonné M'Bala M'Bala*, n° 1400110, RFDA 2014, p. 87 note. O. GOHIN.

[85] CE, ord., 9 janv. 2014, *Ministre de l'Intérieur c/ Société Les Productions de la Plume et M. Dieudonné M'Bala M'Bala*, n° 374508, Lebon, AJDA 2014. 79.

[86] J. PETIT, « Les ordonnances Dieudonné : séparer le bon grain de l'ivraie », AJDA 2014 p. 866.

[87] CE, 23 déc. 1936, *Sieur Bucard*, 51755, rec. CE 1936, p. 1151.

[88] Une atteinte portée à la liberté d'expression injustifiée est jugée manifestement illégale *cf.* CE, 26 févr. 2010, *Commune d'Orvault*, préc.

juge répressif sur lequel il s'agirait de ne pas empiéter). En l'espèce, le juge considère pourtant que le préfet de la Loire-Atlantique n'a pas entaché son arrêté d'illégalité et consacre une obligation pour lui d'intervenir si une infraction pénale est susceptible d'être commise.

Et la Haute juridiction de rappeler un an plus tard, toujours à propos de l'affaire Dieudonné, « *qu'il appartient à l'autorité investie du pouvoir de police de prendre toute mesure pour prévenir une atteinte à l'ordre public* »[89].

L'obligation dégagée par le juge tire ainsi sa légitimité du respect de la dignité de la personne humaine.

B) La confirmation de la dignité comme composante intrinsèque de l'ordre public

Les « ordonnances Dieudonné » précisent l'ancrage de la dignité de la personne humaine dans l'ordre public. Elles fondent notamment leur solution sur le fait « *que le respect de la dignité de la personne humaine est une des composantes de l'ordre public ; que l'autorité investie du pouvoir de police peut, même en l'absence de circonstances locales particulières, interdire une manifestation qui porte atteinte au respect de la dignité de la personne humaine* »[90]. Le choix d'opter pour la dignité plutôt que pour la moralité publique est compréhensible puisqu'il dispense le titulaire du pouvoir de police administrative de prouver l'existence de circonstances locales, ce qui aurait été périlleux en l'espèce (d'autant que le spectacle avait été interdit dans plusieurs villes). Pour mieux comprendre en quoi les propos tenus par l'artiste ont été jugés contraires à la dignité de la personne humaine, il convient d'en présenter quelques extraits. À titre d'exemple, celui-ci aurait

---

[89] CE, 9 nov. 2015, *Association générale contre le racisme et pour le respect de l'identité française chrétienne*, n° 376107, Lebon ; AJDA 2015. 2508, concl. A. BRETONNEAU.

[90] *Ibid.*

déclaré « *Moi, niveau président, je me suis arrêté à Pétain, je l'aimais bien, au moins il voyait où ça foire* » ou encore « *L'Holocauste, ça nous a coûté un bras* ». Il avait également tenus des propos malveillants à l'encontre d'un journaliste « *Moi, tu vois, quand je l'entends parler, Patrick Cohen, je me dis, tu vois, les chambres à gaz... Dommage !* ». La dignité de la personne humaine prend ici une fonction politique, puisque que comme le remarque opportunément le professeur PETIT, « *la manière dont le Conseil d'État apprécie aujourd'hui la légalité d'actes dirigés contre les provocations antisémites et négationnistes est inséparable de la reconnaissance de la responsabilité de l'État français dans les persécutions dont les juifs ont été victimes sous le régime de Vichy, non plus, sans doute que de l'attitude du Conseil d'État lui-même durant cette période* »[91].

Le Conseil d'État a en effet eu l'occasion de reconnaître la responsabilité de l'État, plus spécifiquement la Société nationale des chemins de fer responsable de la déportation de plusieurs milliers de personnes[92]. Il a également fait cesser une exposition ouverte au public au sein de l'établissement public du château de Versailles qui n'avait volontairement pas effacé sur demande de l'artiste des inscriptions à caractère antisémite apposées sur son œuvre à la suite d'un vandalisme[93]. Enfin, les ordonnances rendues par le Conseil d'État statuant en référé à propos du spectacle « Le Mur » sont tout aussi inédites que les faits qui se présentaient devant lui. Effectivement, le vice-président du Conseil d'État M. Jean-Marc SAUVÉ soulignait que « *c'est la première fois que se pose la question de savoir comment prévenir des provocations répétées à la haine et à la discrimination raciale et des propos portant atteinte à la dignité humaine* »[94]. Au demeurant,

---

91 J. PETIT, art. préc.

92 *cf.* CE, 16 févr. 2009, n° 315499, Lebon 43 : « *en rupture absolue avec les valeurs et principes, notamment de dignité de la personne humaine, consacrés par la Déclaration des droits de l'homme et du citoyen et par la tradition républicaine, ces persécutions antisémites ont provoqué des dommages exceptionnels et d'une gravité extrême* ».

93 *V.* TA Versailles, ord. 19 sept. 2015, n° 1506153, AJDA 2015. 172, à propos de l'œuvre « Dirty Corner » d'Anish Kapoor.

94 J.-M. SAUVÉ, « Le juge administratif, protecteur des libertés », préc.

cette décision laissera cependant un goût amer chez bon nombre d'auteurs. Dans la même veine que la célèbre citation de Victor HUGO, « *le sifflet peut avoir tort ou raison. La censure a toujours tort* »[95], certains regrettent en effet ces restrictions jugées liberticides[96].

§2. La police speciale de l'audiovisuel

À la police générale s'ajoute une police spéciale, en matière de publication et de cinéma. La délivrance de visas d'exploitation de films (A) ou encore la diffusion de propos pouvant attenter à la dignité de la personne humaine (B) donnent lieu à un contentieux aussi abondant qu'intéressant.

A) Les visas d'exploitation

Le système de délivrance d'un visa d'exploitation est un contrôle *a priori* effectué par le ministère de la Culture afin d'autoriser administrativement la diffusion d'un film. Cette délivrance est obligatoire, comme le prévoit l'article L.211-1 du Code du cinéma et de l'image animée. Ce même article prévoit également que « *ce visa peut être refusé ou sa délivrance subordonnée à des conditions pour des motifs tirés de la protection de l'enfance et de la jeunesse ou du respect de la dignité humaine* ».
Ce contrôle est effectué par le ministre chargé de la Culture, sur avis d'une commission de classification. À l'issue du visionnage du film, cinq classifications sont envisageables[97] : tous publics, assorti d'une interdiction aux mineurs de 12 ans, de 16 ans, de 18 ans, ou plus radical, une interdiction de diffusion du film. Il est également possible qu'un film soit classé X s'il est à caractère pornographique. La

---

95 B. SEILLER, « La censure a toujours tort », AJDA 2014, p. 129.
96 *V.* en ce sens J. PETIT, art. préc. ; B. SEILLER, art. préc. ; *adde*. J. LANG, *in Le Monde* 13/01/2014, qui regrette une « profonde régression ».
97 Décret n° 90-174 du 23 févr. 1990, art. 3.

dignité de la personne humaine est donc l'un des deux motifs permettant d'entraver la liberté d'expression, avant la sortie d'un film. Elle peut également justifier *a posteriori* un contrôle du juge, souvent lorsque des associations viennent remettre en cause devant lui le visa d'exploitation accordé à une œuvre cinématographique. Cependant, si la dignité figure effectivement dans les textes utilisés au soutien de leur requête, c'est en réalité la protection de la jeunesse qui semble justifier la modification du classement. En effet, le moyen tiré d'une atteinte portée à la dignité de la personne humaine est souvent écarté, le juge préférant se placer sur le terrain de la protection de la jeunesse. Il convient donc d'étudier où celui-ci place son curseur au cas par cas.
Tout d'abord, il semble par exemple que le juge administratif ne reprenne pas l'argument d'atteinte à la dignité de la personne humaine invoqué si des scènes de sexe non simulées ainsi que des scènes de violence ne sont que de courte durée par rapport à la durée totale du film[98]. Celui-ci se refuse également de classer un film dans la catégorie pornographique ou d'incitation à la violence, malgré la présence de scènes de sexe non simulées et de scènes de violence s'il ne les considère pas comme telles, eu égard à leur thème et à leur mise en scène[99].

Dans le sillage de cette jurisprudence, il considère que le ministre de la Culture n'a pas commis d'erreur d'appréciation en assortissant le film « SAW 3D Final » d'une interdiction de représentation aux mineurs de 16 ans puisque les scènes de violence ne s'enchaînent pas de manière interrompue et qu'elles sont filmées avec les codes propres aux films d'horreur. Le juge se fonde ainsi sur « *l'invraisemblance des situations ou, à tout le moins, leur caractère peu réaliste* » pour refuser de caractériser une incitation à la violence ou, plus encore, une atteinte au respect de la dignité humaine. L'interdiction aux

---

[98] CE, 23 juin 2009, *Association Promouvoir & autres*, n° 32867823.
[99] CE sect., 14 juin 2002, *Association Promouvoir*, n° 237910, Rec. CE, p. 265.

mineurs de 16 ans lui semble alors justifiée, « *compte tenu également du degré de maturité et de distance critique* » dont ces derniers disposent. Il tient un raisonnement analogue et refuse de modifier le classement de plusieurs autres œuvres classées -12 ans telles que « La vie d'Adèle »[100] et « Sausage Party »[101]. À l'inverse, il procède à l'annulation de classements inappropriés, souvent revus à la hausse pour des films qui auraient dû être interdits aux mineurs de 18 ans, tels que « Antichrist »[102], « Nymphomaniac »[103], « Saw 3D Chapter final »[104]. Nous le voyons, la dignité humaine employée dans ce contexte n'est pas utilisée seule pour justifier le déclassement d'un film ou son interdiction, il s'agit plutôt de protéger le jeune public vis-à-vis de scènes de sexe non simulées ou d'une extrême violence, seules capables de justifier le classement du film aux mineurs de 16 ou 18 ans et, dans de rares occasions comme cela a pu être le cas pour le film « Antichrist », une interdiction de diffusion (avant d'être de nouveau permise mais assortie d'une interdiction aux mineurs de 18 ans pour ce cas).

B) Les propos attentatoires à la dignité

À la différence du contentieux relatif aux visas d'exploitation où elle peine à se frayer un chemin, la dignité humaine se trouve mieux considérée s'agissant des émissions télévisées ou radios. En effet, une atteinte à la dignité de la personne humaine a pu être caractérisée à propos d'une émission radio dans laquelle un animateur s'était réjoui à plusieurs reprises de la mort d'un policier lors d'une fusillade

---

[100] CE, 28 sept. 2016, *Ministre de la Culture et de la Communication c/ Association Promouvoir &* autres, n° 395535.

[101] CE, 4 mars, 2019, *Association Juriste pour l'enfance*, n° 417346.

[102] CE, 13 janv. 2017, *Ministre de la Culture c/ Association Promouvoir*, n° 397819.

[103] CE, 28 juill. 2017, *Association Promouvoir & Association pour la dignité humaine*, n° 403445 403500.

[104] CE, 1er juin 2015, n° 372057, AJDA 2015. 1599.

avec des malfaiteurs[105]. À cette occasion, le juge administratif a rappelé que la liberté d'expression pouvait être limitée par le respect de la personne humaine et la sauvegarde de l'ordre public. Il en est de même pour les propos racistes et antisémites tenus lors d'une émission « d'antenne libre »[106]. Toujours concernant le domaine de la radio, constitue une atteinte à la dignité de la personne humaine le fait pour des animateurs radio d'informer les auditeurs de la découverte de corps d'enfants ainsi que d'une femme en révélant leur identité, assortis de détails morbides, pour rechercher de l'audience[107]. Si l'on bascule cette fois du côté de la télévision, une décision mérite également d'être étudiée en matière de retransmission de combats ayant lieu à l'étranger. Le sport de combat en question, appelé « K-1 », n'était pas encadré par une fédération sportive française en raison des atteintes graves pouvant être portées à l'intégrité physique des combattants, sanctionnées par la loi pénale française en raison de leur caractère extrêmement dangereux.

Le Conseil Supérieur de l'Audiovisuel (CSA), gardien de la liberté de communication, a alors mis en demeure l'éditeur de services de télévision de cesser ladite retransmission en ce qu'elle portait atteinte aux principes énoncés à l'article 1er de la loi du 30 septembre 1986 selon laquelle l'exercice de cette liberté « *peut être limité dans la mesure requise, notamment, par le respect de la dignité de la personne humaine, par la protection de l'enfance et de l'adolescence et par la sauvegarde de l'ordre public* », ce qui a été confirmé par le Conseil d'État[108]. Une fois encore, la dignité ne permet pas à elle seule de justifier cette interdiction mais contribue malgré tout à entraver la liberté d'expression.

---

105 CE, 20 mai 1996, *Sté Vortex*, n° 167694, Lebon 189.

106 CE, 19 mars 1997, *Association « Ici et Maintenant »*, n° 173514.

107 CE, 30 août 2006, *Association Free Dom*, n° 276866, Rec. CE, p. 392.

108 CE, 18 déc. 2009, *Sté Canal plus*, n° 310646, Lebon table 933.

CHAPITRE 2. LA DIGNITÉ INVOQUÉE AU SOUTIEN DE DROITS FONDAMENTAUX

La dignité de la personne humaine est une composante de l'ordre public, c'est-à-dire un moyen de justifier des mesures de police pour faire cesser une atteinte en cas de trouble. Elle constitue une limite à des libertés fondamentales et reflète alors l'objectif de l'État d'assurer la sécurité de ses citoyens. Cependant, la dignité se présente également comme une liberté elle-même, invoquée cette fois par les requérants au soutien de leurs droits fondamentaux (de la protection de l'intégrité du corps à celle de la vie privée et familiale), traduisant cette fois le second objectif de l'État de droit qui est la préservation des libertés. Sur ce dernier point, l'État engage sa responsabilité si l'un de ses agents, agissant en son nom, porte atteinte à la dignité de la personne humaine. Ainsi, le juge administratif reconnaît toujours la responsabilité de l'État en cas de traitements inhumains et dégradants, ce qui donne lieu à un contentieux abondant en matière de privation de liberté (Section 1). Mais il fait preuve, semble-t-il, de plus de réticence lorsque la dignité est invoquée dans le contentieux relatif aux étrangers ou à la recherche médicale (Section 2).

SECTION 1. LA CARACTERISATION DES ATTEINTES A LA DIGNITE DES PERSONNES DETENUES

La « *protection de la sécurité des personnes et des biens est, dans un État de droit, une préoccupation fondamentale et légitime des citoyens : elle est une des missions majeures de la puissance publique. Les sanctions prononcées par la justice à l'encontre des auteurs de crimes et délits sous la forme d'une peine de prison ou, plus généralement, privative de liberté sont exécutées par le service public pénitentiaire* »[109]. Néanmoins, cette privation de liberté « *ne saurait prétexter une restriction supplémentaire de droits dont tout individu, fût-il incarcéré, doit conserver la jouissance* »[110]. Dès lors, quelles que soient les raisons de sa condamnation, tout détenu a droit au respect de sa dignité en tant qu'être humain. L'invocation du principe de dignité au soutien de la protection du corps rencontre un franc succès auprès du juge administratif qui n'hésite pas à condamner l'État en cas d'atteinte. Son utilisation semble ici revenir à la source même de ce principe tel que formulé dans les textes internationaux d'après-guerre.

§1. L'ETAT GARANT DU RESPECT DU PRINCIPE DE DIGNITE DANS L'ADMINISTRATION PENITENTIAIRE

Tout d'abord, une obligation de sauvegarder la dignité des personnes privées de liberté pèse à la charge de l'État (A). Effectivement, lorsque les conditions matérielles de leur détention sont attentatoires au principe de dignité, l'Administration voit sa responsabilité engagée pour faute et cette négligence ouvre un droit à indemnisation pour les victimes qui s'en prévalent (B).

A) L'obligation de sauvegarde de la dignité des personnes détenues

Les établissements pénitentiaires sont soumis à une obligation légale de dispenser des soins à tous les détenus qui le nécessitent. En cas de non-respect, c'est-à-dire de défaut de prise en charge médicale d'un détenu malade, ils engagent leur responsabilité. Le juge administratif veille au respect de cette

---

109 Cour des comptes, « Le service public pénitentiaire : prévenir la récidive, gérer la vie carcérale », Rapport public thématique, La Documentation française, juillet 2010, p. 1.

110 J.-P. CÉRÉ, « Les droits des détenus sous la Cinquième République : de réels progrès? », RFAP 2001, n° 99, p. 417.

obligation et à ses modalités d'exécution, puisqu'il est « *aujourd'hui entré en prison pour veiller de manière ferme, mais équilibrée au bon fonctionnement d'un service public* »[111]. Au fil des années, le juge est véritablement devenu le garant des droits fondamentaux des détenus, notamment au nom du respect du principe de dignité de la personne humaine. Il s'assure ainsi que chaque personne faisant l'objet d'une mesure privative de liberté soit détenue dans des conditions dignes et que tous ses droits fondamentaux, à l'exception de la liberté d'aller et venir, soient sauvegardés.

D'ailleurs, le manuel destiné au personnel pénitentiaire présente le respect de la dignité inhérente de tous les êtres humains comme la plus importante des valeurs fondamentales, que le personnel se doit de respecter, quel que soit le crime que les personnes détenues aient pu commettre[112]. Il relie cette idée à une déclaration de Nelson MANDELA, selon laquelle « *on dit qu'on ne connaît pas vraiment un pays tant que l'on n'a pas pénétré dans ses prisons. Un pays ne devrait pas être jugé par sa manière de traiter ses citoyens les mieux placés, mais ses citoyens les plus défavorisés* »[113].

B) L'engagement de la responsabilité de l'État

Au début de sa présidence de la Cour européenne des droits de l'homme, Jean-Paul COSTA a déclaré : « *le problème majeur pour les droits de l'homme en France semble être celui des prisons (...) où les conditions de vie sont souvent à la limite des traitements inhumains et dégradants* »[114]. Selon le professeur Jean-Marie AUBY, la responsabilité de l'État à propos des services pénitentiaires n'a

---

111 Ch. VIGOUROUX, « La valeur de la justice en détention », AJDA, 2009, p. 405.

112 A. COYLE, *Gérer les prisons dans le souci du respect des droits de l'homme. Manuel destiné au personnel pénitentiaire*, International Centre for Prison Studies, King's College London, Foreign & Commonwealth Office London, 2e éd., 2009.

113 N. MANDELA, *Long Walk to Freedom*, Little Brown, London, 1994.

114 *Cité par* F.-X. FORT, « La protection de la dignité de la personne détenue », AJDA 2010, p. 2249.

été admise par le juge administratif qu'au début du XXe siècle[115]. Il a d'abord commencé par exiger « *une faute manifeste d'une particulière gravité* »[116] pour engager la responsabilité de l'État, puis une faute lourde[117], que ce soit pour des actes volontaires du personnel pénitentiaire[118] ou en raison de mauvaises conditions de détention[119]. Il a ensuite progressivement abandonné cette exigence pour se contenter d'une faute simple. Aujourd'hui, il est également à noter que l'insuffisance de moyens n'est plus automatiquement une cause exonératoire de la responsabilité de l'Administration[120]. Plus encore, après avoir déclaré que des conditions de détention qui portent atteinte à la dignité humaine révèlent l'existence d'une faute de nature à engager la responsabilité de la puissance publique dans un considérant de principe en 2013[121], le Conseil d'État ajoute, deux ans plus tard, que « *seules des conditions de détention caractérisant une atteinte à la dignité humaine sont de nature à engager la responsabilité de l'administration* »[122]. La dignité revêt ici un rôle clef : si une atteinte lui est portée en matière de privation de liberté, elle permet à elle seule d'engager la responsabilité de l'administration. Cette évolution a notamment été impulsée par la Cour européenne des droits de l'homme, qui « *a été déterminante pour que le juge administratif français reconnaisse aux détenus des droits constitutifs d'un droit au respect de la dignité de la personne humaine* »[123].

À l'occasion de l'arrêt *Kudla c/ Pologne*, la Cour a dégagé l'obligation pour les États membres de l'Union d'assurer des

---

115 J.-M. AUBY, « *Le contentieux administratif du service pénitentiaire* », RDP 1987, n° 3, p. 572.

116 CE, 4 janv. 1918, *Mineurs Zulemaro*, Lebon 9 ; CE, 4 janv. 1918, *Duchesne*, Lebon 10.

117 CE, 3 oct. 1958, *Rakotoarinovy*, n° 34789, Lebon 470.

118 CE, ass., 11 juill. 1947, *Salgues*, n° 74033, Lebon 315.

119 CE, ass., 30 janv. 1948, *Toprower*, n° 86780, Lebon 48.

120 P.-E. CRAY, « *L'insuffisance de moyens dans le droit de la responsabilité administrative* », Dr. adm. 2014, n° 5, p. 11.

121 CE, sect., 6 déc. 2013, *Thévenot*, n° 363290, Lebon ; AJDA 2013. 2461.

122 CE, 1er oct. 2015, n° 383332.

123 F.-X. FORT, *art. préc.*, p. 2251.

conditions de détention conformes à la dignité de la personne humaine, en se fondant sur l'article 3 de la Convention sur les traitements inhumains et dégradants[124]. C'est à la lumière de cette jurisprudence que l'article 22 de la loi pénitentiaire n° 2009-1436 du 24 novembre 2009 précise désormais que « *l'administration pénitentiaire garantit à toute personne détenue le respect de sa dignité et de ses droits* ». Vient aussi systématiquement fonder la demande des requérants l'article D. 189 du Code de procédure pénale qui énonce que « *le service public pénitentiaire assure le respect de la dignité inhérente à la personne humaine* ».

§2. LE CARACTERE ATTENTATOIRE A LA DIGNITE DE LA PERSONNE HUMAINE

Les conditions de détention donnent lieu à un contentieux surabondant. Le juge administratif use alors de son office pour déterminer ce qui est attentatoire au principe de dignité de la personne humaine. Le placement de son curseur est parfois subtil et il lui revient, de façon casuistique, de veiller au respect de ce principe. Il détermine ainsi un standard en matière d'hygiène (A) et de sécurité (B).

A) Le standard en matière d'hygiène

Le Code de procédure pénale encadre les conditions dans lesquelles la détention doit se dérouler et pose un grand nombre d'exigences. Les articles 716 et 717-2 du même Code posent un principe d'encellulement individuel depuis 2009. Il est toutefois regrettable, mais bien réel en raison d'un problème de surpeuplement carcéral, qu'en pratique cette exigence d'encellulement individuel ne puisse pas être appliquée, notamment dans les maisons d'arrêt. En effet, le juge admet une dérogation à ce principe dans les maisons d'arrêt si, et uniquement si, la détention se déroule « *dans le respect de conditions*

---

124 CEDH, 26 oct. 2000, *Kudla c/ Pologne*, n° 30210/96.

satisfaisantes d'hygiène et de salubrité et le respect de la dignité inhérente à la personne humaine »[125]. Pour déterminer ce qui relève d'une telle atteinte ou non, le juge a élaboré une grille d'analyse de manière casuistique, venant dans le même temps enrichir la notion de dignité. Il se réfère et interprète donc les dispositions du Code de procédure pénale qui déterminent un seuil en fonction de la taille de la cellule, l'éclairage par une lumière naturelle suffisante, des installations sanitaires « *propres et décentes* » et en nombre « *proportionné à l'effectif des détenus* » ou encore l'aération[126]. Le juge administratif admet volontiers les atteintes en la matière, en particulier en cas d'absence de système d'aération et d'isolation des toilettes[127], de promiscuité engendrée par une sur-occupation[128], de la présence de nuisibles au sein de la cellule[129], de la non-conformité des prises électriques[130], de la présence d'humidité[131], du temps passé hors de la cellule[132]. Ces facteurs se suffisent rarement à eux seuls et se combinent malgré l'incitation de la Cour de Strasbourg à présumer une violation des dispositions de l'article 3 de la Convention du seul fait d'une « *surpopulation sévère* »[133] lorsqu'un détenu dispose d'un espace personnel inférieur à 3 m². Toutefois, la Cour revoit ses

---

125 TA Rouen, 27 mars 2008, n° 0602590.

126 C. pr. pén., art. D.351: « *Dans tout local où les détenus séjournent, les fenêtres doivent être suffisamment grandes pour que ceux-ci puissent lire et travailler à la lumière naturelle. L'agencement de ces fenêtres doit permettre l'entrée d'air frais. La lumière artificielle doit être suffisante pour permettre aux détenus de lire ou de travailler sans altérer leur vue. Les installations sanitaires doivent être propres et décentes. Elles doivent être réparties d'une façon convenable et leur nombre proportionné à l'effectif des détenus* ».

127 CAA Marseille, 15 déc. 2011, n° 11MA02831.

128 *V.* par exemple CAA Nantes, 29 mars 2019, n° 17NT01502, consistant pour un détenu à partager successivement ces cellules de 21 m² à 28 m² avec un nombre de codétenus allant de 5 à 12 et d'avoir, de ce fait, un espace personnel inférieur à 3 m².

129 CAA Paris, 20 déc. 2018, n° 18PA00138.

130 CAA Bordeaux, 28 févr. 2017, n° 16BX00067.

131 CAA Paris, 24 janv. 2019, n° 18PA02175.

132 CAA Bordeaux, 12 sept. 2018, n° 18BX01265.

133 CEDH, 25 avr. 2013, *Canali c/ France*, n° 40119/09.

exigences à la baisse en admettant une telle détention si le détenu n'est que brièvement incarcéré, dispose d'une liberté de mouvement et de la possibilité de faire de l'exercice en plein air [134]. Cette forte présomption tombe dès lors que l'État défendeur compense « *adéquatement cette circonstance* »[135].

B) Le standard en matière de sécurité

En 2013, le Conseil d'État proclame : « *tout prisonnier a droit à être détenu dans des conditions conformes à la dignité humaine, de sorte que les modalités d'exécution des mesures prises ne le soumettent pas à une épreuve qui excède le niveau inévitable de souffrance inhérent à la détention ; qu'en raison de la situation d'entière dépendance des personnes détenues vis-à-vis de l'administration pénitentiaire, l'appréciation du caractère attentatoire à la dignité des conditions de détention dépend notamment de leur vulnérabilité, appréciée compte tenu de leur âge, de leur état de santé, de leur handicap et de leur personnalité, ainsi que de la nature et de la durée des manquements constatés et des motifs susceptibles de justifier ces manquements eu égard aux exigences qu'impliquent le maintien de la sécurité et du bon ordre dans les établissements pénitentiaires, la prévention de la récidive et la protection de l'intérêt des victimes* » [136]. Dans ce considérant de principe, le juge rompt avec son ancienne jurisprudence qui tendait davantage à s'attacher aux détenus les plus vulnérables en raison de leur état de santé, de leur âge ou de leur personnalité pour reconnaître des conditions de détention indignes[137]. En appréciant plus largement la notion de vulnérabilité, les chances d'engager la responsabilité de l'État sont augmentées.

Sont ainsi mis en balance, d'un côté, la nécessaire conformité des conditions de détention au principe de dignité, et de l'autre, le

---

134 CEDH, 10 mars 2015, *Varga et autres c/ Hongrie*, n° 14097/12.
135 J. SCHMITZ, « Responsabilité de l'État en raison de conditions de détention », AJDA 2017, p. 637.
136 CE, sect., 6 déc. 2013, *Thévenot*, n° 363290, Lebon ; AJDA 2013. 2461.
137 CAA Paris, 5 juill. 2012, n° 12PA00066 ; CAA Douai, 7 janv. 2013, n° 12DA01478 ; TA Orléans, 14 juin 2012, n° 120033.

maintien de la sécurité au sein des prisons. Le bon ordre justifie l'emploi de mesures fortes telles que des fouilles corporelles ou la mise à l'isolement. Avec un cheminement analogue à celui effectué en matière d'hygiène, le juge procède à une étude casuistique de ces mesures. Partant, ne constitue pas une atteinte à la dignité de la personne humaine le fait de retirer la ceinture d'un détenu présentant des risques suicidaires[138] ou le fait de procéder à des fouilles, malgré l'invocation des principes constitutionnels de respect de la dignité humaine et de respect de la vie privée[139]. En revanche, porte atteinte à la dignité une note de service « *qui se borne à instituer un régime de fouilles intégrales systématiques sans organiser la possibilité d'en exonérer certains détenus* »[140]. Le juge administratif est enclin à caractériser des atteintes à la dignité des personnes privées de liberté lorsque leurs conditions d'incarcération le justifient. Cependant, il fait preuve d'une plus grande prudence lorsque le principe de dignité est invoqué au soutien des requêtes de personnes étrangères ou en matière de recherche médicale.

SECTION 2. LA DIFFICILE INTEGRATION DE LA DIGNITE DANS CERTAINS CONTENTIEUX

Au-delà de la protection des personnes détenues, le juge intervient également dans divers domaines pour faire respecter le principe de dignité et, le cas échéant, reconnaître la responsabilité de l'État. Il le fait notamment en ce qui concerne le contentieux des étrangers (§1) ou encore médical (§2). Cependant, il se montre circonspect dans la caractérisation d'une telle atteinte et il est nécessaire d'en comprendre les raisons.

---

138 CAA Marseille, 15 nov. 2013, n° 12MA00299.

139 CE, ord., 6 juin 2013, n° 368875.

140 CAA Douai, 07 déc. 2017, n° 16DA00715.

§1. LE CONTENTIEUX DES ETRANGERS

Le principe de dignité est souvent invoqué par des personnes étrangères qui souhaitent remettre en cause le refus des autorités françaises d'accéder à leurs demandes (A). Le traitement des personnes étrangères sur le territoire français est surveillé et sanctionné par la Cour européenne des droits de l'homme (B).

A) L'absence d'atteinte

En ce qui concerne le contentieux relatif aux demandes formulées par des personnes de nationalité étrangère, le juge n'a pas, à notre connaissance, caractérisé une seule atteinte au respect du principe de dignité humaine. Maintes fois invoqué par les requérants mais jamais repris par le juge administratif dans ses considérants, il se noie parmi toutes les dispositions invoquées et ne trouve pas sa véritable place. En effet, le principe de dignité n'a pas suffi à appuyer certaines demandes relatives au droit d'asile[141], à la nécessité d'une prise en charge médicale[142], à un placement en rétention[143] ou encore à la demande d'un titre de séjour[144]. Sur ce dernier point, il a ainsi considéré, par exemple, qu'une femme « *ne peut se plaindre que la situation irrégulière dans laquelle elle se trouve lui imposerait de vivre dans des conditions contraires à la dignité humaine, dès lors qu'en refusant de se conformer à la réglementation française, elle les a elle-même créées* ». Le juge argue souvent le fait que la demande des requérants n'est pas fondée et manque de précisions nécessaires à la caractérisation d'une atteinte au principe de dignité. Malgré un récent rappel selon lequel il appartient « *aux autorités titulaires du pouvoir de police générale, garantes du respect du principe constitutionnel de sauvegarde de la dignité humaine, de veiller, notamment, à ce que le droit de toute personne à ne pas être soumise*

141 CE, ord., 16 déc. 2011, n° 354782.
142 CAA Nancy, 13 déc. 2012, n° 12NC00410.
143 CAA Paris, 11 déc. 2012, n° 12PA00911.
144 CAA Nancy, 4 oct. 2001, n° 00NC01583.

à des traitements inhumains ou dégradants soit garanti et de prendre toute mesure en ce sens »[145], le juge administratif se borne à ne pas relever d'atteinte au principe de dignité.

B) Les obligations à la charge de l'État

La réticence du juge administratif à caractériser une atteinte à la dignité dans sa jurisprudence relative aux personnes étrangères a été récemment sanctionnée par la Cour européenne des droits de l'homme qui a condamné la France pour violation de l'article 3 de la Convention[146]. En effet, la Cour rappelle que « *l'interdiction des traitements inhumains ou dégradants consacrée par l'article 3 de la Convention est une valeur de civilisation étroitement liée au respect de la dignité humaine, qui se trouve au cœur même de la Convention (Khlaifia et autres c/ Italie [GC], n° 16483/12, §158, 15 décembre 2016)* ». En l'espèce, il est reproché aux autorités françaises d'avoir manqué à leurs obligations en laissant quatre requérants vivre pendant des mois dans la rue, sans ressources ni accès à des sanitaires, en attendant que leur demande d'asile soit acceptée.

À l'occasion de *l'affaire de la jungle de Calais*, le Conseil d'État a, d'ailleurs, estimé que le référé ne permet ici pas d'obtenir l'interdiction d'une manifestation mais, au contraire, une obligation d'agir positivement à la charge des autorités administratives[147].
En l'espèce, il a ainsi rappelé la nécessité de garantir des conditions de vie décentes aux migrants en renforçant notamment l'accès à l'eau potable et à des sanitaires.

---

145 CAA Versailles, 26 sept. 2019, n° 19VE01620.
146 CEDH, 5e sect., 2 juill. 2020, *N.H. et autres c/ France*, nos 28820/13, 75547/13 et 13114/15.
147 CE, ord. 23 nov. 2015, *Ministre de l'intérieur et Commune de Calais*, n° 394540.

§2. LE DOMAINE MEDICAL

Naturellement, on retrouve la dignité dans le domaine de la médecine puisqu'elle a été consacrée comme un principe à valeur constitutionnelle dans une décision portant sur les lois bioéthiques. Elle est un impératif que doit toujours sauvegarder le personnel médical (A), mais ne donne pas toujours lieu à la reconnaissance d'une atteinte par le juge administratif, notamment lorsqu'il s'agit de la recherche scientifique (B).

A) La dignité au cœur de la relation du médecin avec son patient

Le respect du principe de dignité de la personne humaine incombe également au personnel médical vis-à-vis de leurs patients. Ainsi, l'article 2 du Code de déontologie médicale dispose que « *le médecin, au service de l'individu et de la santé publique, exerce sa mission dans le respect de la vie humaine, de la personne et de sa dignité* ». L'article 10 ajoute que le « *un medecin amené à examiner une personne privée de liberté ou à lui donner des soins ne peut, directement ou indirectement, serait-ce par sa seule présence, favoriser ou cautionner une atteinte à l'intégrité physique ou mentale de cette personne ou à sa dignité* ». De la dignité découle également une obligation d'information qui pèse sur le médecin à l'égard de son patient, à laquelle il ne peut déroger que par le seul fait qu'un risque grave ne se réalise qu'exceptionnellement[148].

À propos de l'opportunité de poursuivre des soins de façon obstinée, le juge rappelle qu' « *il appartient au médecin, s'il prend une telle décision, de sauvegarder en tout état de cause la dignité du patient et de lui dispenser des soins palliatifs* »[149]. Dans le cas où le malade n'est plus capable d'exprimer sa volonté sur le choix du traitement qui lui est administré à l'hôpital, le tribunal administratif de Marseille a estimé qu' « *il doit cependant être garanti qu'il recevra de la part de cet hôpital les soins appropriés à son état ; que ce droit, qui se rattache au principe*

[148] CE, 19 oct. 2016, *Centre hospitalier d'Issoire et autres*, n° 391538, Lebon.
[149] CE, ass., 30 déc. 2014, *Bonnemaison*, n° 381245, Lebon 443.

constitutionnel de la sauvegarde de la dignité de la personne humaine, constitue une liberté fondamentale, au sens de l'article L. *521-2 du Code de justice administrative* »[150].

Toutefois, il n'y a à notre connaissance que très peu de décisions rendues à ce jour par la juridiction administrative caractérisant une atteinte au principe de dignité. Cette carence s'explique par le fait qu'il existe d'autres terrains sur lesquels engager la responsabilité des médecins, tels que la responsabilité pénale ou civile. Malgré tout, le Conseil d'État a jugé contraire à dignité le fait pour un médecin d'envoyer un courrier véhément à un malade[151] ou encore de filmer des patientes à leur insu lors d'une consultation gynécologique[152].
En revanche, ne porte pas atteinte au principe de dignité la prise de photographie lors d'un accouchement par un médecin malgré le refus de sa patiente si elle n'a pas d'autre but que d'être versée au dossier médical de celle-ci, couvert par le secret médical[153].

De manière plus singulière, le professeur Véronique CHAMPEIL-DESPLATS remarque enfin que « *le respect de la dignité est devenu une obligation pesant sur les vétérinaires* »[154], plus précisément à l'égard des propriétaires des animaux à qui ils dispensent des soins[155], ce qui démontre à nouveau le caractère malléable du principe de dignité, bien que celle-ci ne soit plus essentiellement « humaine » dans le présent cas.

---

150 TA Marseille, ord., 22 janv. 2004, n° 04427/0.
151 CE, 10 mars 1997, *M. Pham Dinh*, n° 167221.
152 CE, 8 déc. 2000, *M. Daniel Drai*, n° 196330, Juris-Data n° 2000-061612, RDSS 2001 p. 274 note. L. DUBOIS.
153 CAA Nantes, 23 févr. 2012, n° 10NT01752.
154 V. CHAMPEIL-DESPLATS, « Dignité de la personne » *J. Cl. Libertés*, Fasc. 540, 2011, n° 50.
155 C. rur., art. R. 242-48.

B) La primauté de la recherche scientifique

En plus d'être un impératif dans la relation médecin-patient, le principe de dignité est également invoqué à l'encontre de certaines avancées de la recherche scientifique et médicale. En effet, en 2001, la question s'est posée de savoir si les vaccinations obligatoires pouvaient porter atteinte au principe constitutionnel de sauvegarde de la dignité humaine. Le juge administratif a alors répondu par la négative. Certes, la possibilité pour les autorités administratives d'imposer un certain nombre de vaccinations par voie réglementaire et les dispositions législatives qui prévoient une telle obligation portent « *une atteinte limitée aux principes d'inviolabilité et d'intégrité du corps humain* ». Mais il considère cependant, afin d'écarter le grief d'une atteinte à la dignité, que ces dispositions « *sont mises en œuvre dans le but d'assurer la protection de la santé, qui est un principe garanti par le Préambule de la Constitution de 1946 auquel se réfère le Préambule de la Constitution de 1958, et sont proportionnées à cet objectif* »[156]. Ce faisant, le juge administratif privilégie la protection de la santé publique et se refuse de caractériser une quelconque atteinte au principe de dignité. Par ailleurs, plusieurs arrêts rendus en matière de dépistage de la trisomie 21 pendant la grossesse, refusent de caractériser une atteinte à la dignité de la personne humaine puisqu'une telle évaluation « *répond à un objectif d'intérêt général tenant à la recherche d'une plus grande fiabilité des tests de dépistages* »[157]. En effet, certaines recommandations qui concernent uniquement le dépistage de la seule pathologie de trisomie 21 ne portent atteinte ni au principe du respect de la dignité humaine, ni au droit à la vie ou de non-discrimination[158].

---

156 CE, 26 nov. 2001, *Association Liberté Information Santé et autres*, n° 222741, Lebon 578.

157 CE, 25 nov. 2015, *Fondation Jérôme Lejeune*, n° 370610.

158 CE, 16 déc. 2016, *Fondation Jérôme Lejeune*, n° 392557.

À ce stade de notre étude, plusieurs constats se doivent d'être faits. Tout d'abord, le principe de dignité de la personne humaine possède une double-fonction opposée puisqu'il est autant une liberté qu'une restriction. Suivant le contexte dans lequel il est utilisé (ou objecté), sa portée diffère tout autant que la solution du juge qui s'y attache. En effet, la dignité permet de justifier à la fois des mesures de police en tant que composante de l'ordre public mais également de faire valoir des droits fondamentaux. Dans le premier cas, il est permis de relever que le juge administratif fait preuve de prudence dans l'utilisation du principe de dignité même s'il a fortement contribué à le mettre sur le devant de la scène. Dans le second cas, il n'hésite pas, bien au contraire, à caractériser des atteintes et à engager la responsabilité de l'État. Enfin, certains domaines n'intègrent pas véritablement la conception de ce principe et se heurtent à la réticence du juge, tels que l'accès au logement, les mesures à finalité sociale, le contentieux relatif aux personnes étrangères ou encore, parfois, le domaine médical. Souffrant d'une absence de définition légale, ce principe malléable manque cruellement de limites. Le doute s'installe alors : quel est le contenu exact de cet éminent principe ? Et, puisqu'il est déjà permis d'affirmer que la détermination de ce contenu est difficile à établir, quelles conclusions tirer de cette première étape de recensement ?

PARTIE 2. LA FORCE JURIDIQUE DU PRINCIPE DE DIGNITÉ DE LA PERSONNE HUMAINE

Désormais habituée des prétoires français, la dignité de la personne humaine fonde tout autant les solutions du juge administratif que les demandes des requérants qui se présentent devant lui. Ce vaste principe est invoqué tel un bouclier pour protéger l'intégrité et l'inviolabilité du corps humain, la vie privée, les conditions de vie et de détention, l'état psychique, le droit à la vie, le « droit à la mort », la liberté de conscience… Mais le recours excessif à un principe ne revient-il pas à en compromettre le sens ? Pour bien comprendre les complexités qui relèvent de ce principe difficile à saisir, il convient dans un premier temps d'étudier le statut de cette norme de référence (Chapitre 1) avant d'approfondir notre étude sur son caractère malléable (Chapitre 2).

CHAPITRE 1. L'AFFIRMATION D'UN PRINCIPE DE DIGNITÉ DE LA PERSONNE HUMAINE

La qualification est une étape absolument nécessaire pour déterminer quelle est la valeur de la dignité de la personne humaine dans l'ordre juridique et d'en cerner les principaux enjeux. Il s'agira alors dans un premier temps de s'intéresser au statut du respect de la dignité de la personne humaine (section 1) avant de laisser place au débat concernant sa véritable nature (section 2).

SECTION 1. LE STATUT DE LA DIGNITE

La dignité de la personne humaine est, nous le savons, un principe à valeur constitutionnelle (§1). Sans revenir sur cet acquis, il sera nécessaire d'appréhender les différentes thèses octroyant à ce principe une valeur supérieure afin de se prononcer sur leur opportunité (§2).

§1. LA VALEUR CONSACREE : UN PRINCIPE A VALEUR CONSTITUTIONNELLE

La dignité de la personne humaine est un principe à valeur constitutionnelle depuis que le Conseil constitutionnel l'a consacré comme tel dans sa décision du 27 juillet 1994 (A). Ne figurant pas à proprement parler dans la Constitution du 4 octobre 1958, plusieurs comités ont alors travaillé sur son intégration dans le texte constitutionnel (B).

A) La décision du 27 juillet 1994

Le concept de dignité, tel qu'il est entendu aujourd'hui, est relativement récent en droit français. En effet, sa présence dans de nombreux textes internationaux dans la période d'après-guerre ne le rendait pas directement applicable. Il a fallu attendre la décision du 27 juillet 1994 rendue par le Conseil constitutionnel à propos des lois de bioéthique. Plus précisément, le conseil devait se prononcer sur les conséquences de la fécondation *in vitro* sur l'embryon et sur le droit de la famille, le diagnostic prénatal (ou préimplantatoire) sur l'embryon, les manipulations génétiques, les dons d'organes et le statut du corps humain qui entrait pour la première fois dans le Code civil[159]. Il s'agissait ici d'appréhender « *la primauté de la personne humaine, du respect de l'être humain dès le commencement de sa vie, de l'inviolabilité de l'intégrité et de l'absence de patrimonialité du corps humain, ainsi que de l'intégrité de l'espèce humaine* »[160]. Le Conseil constitutionnel a alors élevé la dignité au rang de principe à valeur constitutionnelle, en énonçant, faut-il le rappeler, que « *la sauvegarde de la dignité de la personne humaine contre toute forme d'asservissement et de dégradation est un principe à valeur constitutionnelle* »[161]. Au sens strict, il s'agit d'une création purement jurisprudentielle qui s'impose au législateur, d'une norme juridique à part entière qui figure dans le bloc de constitutionnalité dont les sages de la rue de Montpensier sont les garants. Depuis lors, la sauvegarde de la dignité de la personne humaine figure aux côtés d'autres principes de même valeur tels que la continuité de l'État et du

---

159 *cf.* B. MATHIEU, « Bioéthique : un juge constitutionnel réservé face aux défis de la science », note. Cons. const., Décision n° 94-343-344 DC, 27 juillet 1994, RFDA 1994, p. 1019.

160 B. MATHIEU, « La dignité de la personne humaine : quel droit ? quel titulaire ? », D. 1996, p. 282.

161 Cons. const. 27 juill. 1994, Décision n° 94-343/344 DC.

service public[162], la liberté d'entreprendre[163], la liberté d'aller et de venir[164], le principe pollueur-payeur[165] ou encore plus récemment de la fraternité[166].

Ensuite, et toujours à propos de cette retentissante décision, le principe de dignité de la personne humaine est rattaché par le Conseil constitutionnel au Préambule de la Constitution du 27 octobre 1946. Ce choix a pu être qualifié d'audacieux car, comme le souligne le professeur Bertrand MATHIEU, les droits vers lesquels ce principe est renvoyé ne relèvent aucunement de bioéthique[167]. Cependant l'auteur nuance ses propos puisqu'il faut malgré tout reconnaître qu'il s'agit là « *d'une démarche historiquement concevable* » en ce que « *la dégradation de la personne humaine invoquée dans le Préambule de 1946 renvoie nécessairement et entre autres, aux expériences "médicales" et eugéniques conduites sous l'égide de l'Allemagne nazie* ». Il admet alors volontiers que « *la condamnation constitutionnelle de la dégradation de la personne humaine entraîne nécessairement la reconnaissance de sa dignité* ». Néanmoins, un principe si fondamental ne devrait-il pas figurer dans le texte même de la Constitution ? Il est tout de même à déplorer que le Conseil constitutionnel n'ait pas, dans sa décision, précisé si la dignité ainsi rattachée au préambule de 1946 se confondait avec lui ou en était seulement une interprétation. Plusieurs comités ont alors travaillé à son intégration au sein de la Constitution.

---

162 Cons. const. 25 juill. 1979, Décision n° 79-105 DC.

163 Cons. const. 16 janv. 1982, Décision n° 81-132 DC ; Déclaration des Droits de l'Homme et du Citoyen de 1789, art. 4.

164 Cons. const. 12 juill. 1979, Décision n° 79-107 DC.

165 Cons. const. 29 déc. 1999, Décision n° 99-424 DC ; Charte de l'environnement, art. 4 ; C. envir., art. L. 110-1.

166 Cons. const. 6 juill. 2018, Décision QPC n° 2018-717/718.

167 *V.* B. MATHIEU, « Bioéthique : un juge constitutionnel réservé face aux défis de la science », préc.

B) Une intégration impossible dans la Constitution

Depuis que la dignité est sous le feu des projecteurs, et même avant qu'elle ne soit consacrée comme un principe à valeur constitutionnelle en 1994, la question de son intégration directe dans la Constitution s'est posée à de nombreuses reprises.

En 1993, le « Comité Vedel » en charge de réviser la Constitution proposa ainsi d'inscrire à l'article 66 le droit de chacun « *au respect de sa vie privée et de la dignité humaine* »[168]. Cette proposition est restée lettre morte. Ensuite en 2007, le « Comité Balladur », dit *de réflexion et de proposition sur la modernisation et le rééquilibrage des institutions*, s'est montré hostile à l'intégration du principe de dignité dans la Constitution. Dans son rapport remis au Président de la République le 29 octobre 2007 en vue de la révision constitutionnelle prévue en 2008, il exprime sa réticence à « *recommander aux pouvoirs publics d'ajouter au Préambule des principes nouveaux, même s'ils font l'objet d'un large assentiment au sein de la société. Ainsi en est-il (...) du principe de la dignité de la personne humaine. Ces principes sont soit trop récents pour que leur contenu juridique soit figé dans un texte aussi solennel que le Préambule, soit déjà consacrés par une jurisprudence constante et désormais bien admise qu'il serait inutile sinon fâcheux de perturber* »[169].

Un « Comité Veil » a alors été chargé de répondre à la question suivante : « *Est-il ou non opportun d'inscrire des droits et des principes fondamentaux nouveaux dans le Préambule de la Constitution ?* », ce qui l'amenait par conséquent à s'interroger sur l'intégration du

---

[168] G. VEDEL (dir.), « Propositions pour une révision de la Constitution : Rapport au Président de la République », 15 févr. 2013, La Documentation française, Collection des rapports officiels, 1993, p. 73.

[169] E. BALLADUR (dir.), « Une Ve République plus démocratique. Comité de réflexion et de proposition sur la modernisation et le rééquilibrage des institutions de la Ve République présidé par Edouard Balladur », Fayard, La Documentation française, 2008, p. 86.

principe de dignité de la personne humaine. Dans son rapport rendu le 17 décembre 2008, il met en lumière d'éventuels risques de mobilisation de ce principe contre le droit à l'avortement et rappelle que « *la décision d'inscrire un principe de dignité de la personne humaine dans le Préambule de la Constitution n'a rien d'anodin* »[170]. Le Comité fait ainsi preuve d'une extrême prudence et propose d'introduire « *l'égale dignité de chacun* » dans l'article 1er de la Constitution. Faisant prévaloir la richesse du concept de dignité sur son ambivalence, il considère que cette consécration est nécessaire et qu'il revient à l'État de la promouvoir parce qu'il est le seul habilité à régir la relation des individus entre eux. Cependant, le Comité fait aussi part des nombreux doutes dont il s'est épris au cours de cette élaboration.

Il souligne que les nombreux débats au sujet de l'intégration de la dignité de la personne humaine dans la Constitution étaient révélateurs « *de la difficulté qui existe à avancer collectivement sur une question aussi fondamentalement soumise à la sensibilité philosophique de chacun* ». En effet, la doctrine prenant part à ce projet « *fournissait un argument sérieux en faveur de l'abstention* », puisqu'elle se fondait sur une règle selon laquelle une telle intégration ne devait pas être proposée si ledit principe figurait déjà en jurisprudence, ce qui était le cas du principe de dignité de la personne humaine préalablement consacré par le Conseil constitutionnel. Pour toutes ces raisons, ce projet n'a pas abouti à l'instar des deux précédents.

Il est alors permis de constater que les trois Comités en charge de réfléchir à l'intégration du principe de dignité au sein de la Constitution se sont heurtés à des difficultés insurmontables :

---

170 S. VEIL (dir.), « Redécouvrir le Préambule de la Constitution. Rapport du comité présidé par Simone Veil », La Documentation française, Collection des rapports officiels, 2008, p. 85 et s.

son ambivalence, son caractère récent, une définition déficitaire, des limites inconnues.

§2. UNE VALEUR DEBATTUE : UN PRINCIPE SUPRA-CONSTITUTIONNEL ?

Bien que consacrée comme un principe à valeur constitutionnelle, la dignité de la personne humaine ne cesse d'interroger sur sa valeur réelle. Si les uns lui reconnaissent volontiers le statut de principe à valeur constitutionnelle, d'autres s'aventurent à considérer qu'il s'agirait plutôt d'un principe supra-constitutionnel. Il est compréhensible que la valeur d'un tel principe, fondateur de tous les autres mais placé à leur humble niveau, soit débattue. Après avoir porté notre attention sur cette thèse relative à la supra-constitutionnalité (A), il s'agira de démontrer en quoi un tel postulat peut présenter certaines limites (B).

A) La dignité par le prisme du droit naturel

Plusieurs questions méritent d'être posées : ce principe a-t-il la même valeur que tous les droits qu'il garantit ? Leur est-il supérieur ou en est-il seulement la source ? D'aucuns répondent par l'affirmative et lui reconnaissent une valeur supra-constitutionnelle, c'est-à-dire en l'élevant au-dessus de la Constitution pourtant norme suprême de notre ordre juridique.

Le professeur Véronique CHAMPEIL-DESPLATS considère que si la dignité était présentée comme un fondement de notre ordre juridique, cela « *conduirait les juges à s'engager dans les méandres jusque-là évités en France de la supra-*

constitutionnalité et du droit naturel »[171]. La théorie du droit naturel est donc la seule à même de justifier cette conception. Elle revient à considérer qu'il y aurait des lois non-écrites au-dessus du droit positif, immuables et universelles, que le législateur se devrait de respecter et qui s'imposeraient à toutes les sociétés. C'est ce qui est magistralement illustré par Antigone qui invoquait, alors qu'elle bravait l'interdiction d'enterrer son frère, « *les lois non écrites, inébranlables des dieux : ce n'est pas d'aujourd'hui ni d'hier, mais de toujours qu'elles vivent et nul n'en connaît l'origine* »[172]. C'est ensuite avec GROTIUS au XVIIe siècle que le droit naturel se détache de tout fondement théologique pour trouver sa justification dans la nature de l'homme. Dans sa conception la plus moderne, la théorie du droit naturel revient aujourd'hui essentiellement à concerner quelques grands principes qui reçoivent, de toute façon, une consécration dans le droit positif[173]. Une telle approche du principe de dignité ne serait en rien aberrante puisque d'autres pays, comme l'Allemagne, ont consacré la dignité comme une norme supra-constitutionnelle insusceptible de révision[174]. En ce sens, la première place qui lui est accordée traduit sa signification, puisqu'elle serait le principe duquel découlent tous les autres. Son caractère fondateur, ultime, relève alors de l'évidence.

Mais la France, contrairement aux autres pays, n'a pas intégré la dignité de la personne humaine dans les premiers articles de son texte constitutionnel (les comités ayant travaillé en ce sens

---

171 V. CHAMPEIL-DESPLATS, « Dignité de la personne humaine : peut-on parler d'une exception française? », *in* M. FATIN-ROUGE STEFANINI & G. SCOFFONI (dir.), *Existe-t-il une exception française en matière de droits fondamentaux ?*, Les Cahiers de l'Institut Louis Favoreu, PUAM 2013, pp. 173-180.

172 SOPHOCLE, *Antigone*, 441 av. J.-C, trad. R. Pignarre, GF 1023, 1999.

173 P. MALINVAUD, *Introduction à l'étude du droit*, LexisNexis, coll. Manuels, 19e éd., n° 34, p. 31.

174 M.-V. NAKOULMA, « La dignité humaine comme doublure abstraite et nécessaire au développement du système juridique international », Cahiers Jean Moulin, n° 4, 2018.

ayant tous échoué). C'est d'ailleurs peut-être là que réside le problème. En effet, en se plaçant du côté des partisans du *jusnaturalisme*, reconnaître une valeur supra-constitutionnelle reviendrait à nier qu'il s'agisse d'un principe à valeur constitutionnelle. Pourquoi lui refuser cette valeur ?

S'ils considèrent le principe de dignité de la personne humaine comme le principe fondateur de notre ordre juridique et de tous nos droits fondamentaux, il s'agit dès lors d'un principe englobant qui ne peut figurer aux côtés des droits qui le composent [175]. Les opportunités d'une telle conception seraient de légitimer l'intervention de ce principe dans notre droit et de lui conférer davantage de valeur. Détaché des autres principes à valeur constitutionnelle avec lesquels il est forcé de cohabiter, il s'envolerait alors vers les plus hauts sommets et s'imposerait à tous par sa seule existence. La dignité serait ici le corollaire du droit naturel et tout un chacun pourrait s'en prévaloir, en tant qu'être humain. Néanmoins un tel raisonnement n'emporte pas notre conviction pour plusieurs raisons.

B) La préférence d'une approche positiviste

Si le professeur Véronique CHAMPEIL-DESPLATS concède que les solutions des juges « *s'inscrivent fréquemment dans une représentation dominante du principe de dignité qui l'érige au nombre des principes suprêmes de l'ordre de valeur qui sous-tendrait notre ordre juridique* », elle estime cependant que « *d'un point de vue*

---

175 *V*. en ce sens la théorie du principe matriciel du professeur Bertrand MATHIEU qui présente le principe de dignité de la personne humaine comme un principe fondateur et englobant d'un certain nombre d'autres principes constitutifs de l'ordre juridique. L'auteur considère ce principe comme « *le socle sur lequel est construite la philosophie des droits de l'homme et, partant, le droit des droits de l'homme* ». (B. MATHIEU, « La dignité de la personne humaine : du bon (et du mauvais ?) usage en droit positif français d'un principe universel », *in* A. SÉRIAUX (dir.), *Le droit, la médecine et l'être humain*, PUAM, 1996, p. 230).

formel, dans le contexte d'une représentation dite "positiviste" des sources du droit, c'est-à-dire d'une conception où l'appui des décisions juridictionnelles sur les énoncés textuels s'impose comme le gage du respect de la démocratie, de la hiérarchie des normes et de la séparation des pouvoirs, le silence des textes les contraint à présenter le principe de dignité comme une dérivation de l'ordre juridique, et donc non comme son fondement »[176]. Partant, il est préférable d'admettre que celui-ci s'applique non pas parce qu'il aurait une valeur supra-constitutionnelle mais parce qu'il figure dans notre droit positif. La thèse du positivisme affirme en effet que « *le droit positif se suffit à lui-même, qu'il tient son autorité de l'État qui l'a édicté, et qu'il n'y a pas au-dessus de lui un droit naturel auquel il devrait se conformer* »[177]. Le positivisme permet alors d'apporter une réponse certaine à toutes les incertitudes nées de la conception naturaliste : le citoyen doit respecter la loi parce qu'elle est l'expression de la volonté générale. De même que, n'étant défini nulle part, le risque d'admettre un droit naturel permettrait à chacun d' « *invoquer un prétendu droit naturel pour ne pas se conformer aux lois du pays* »[178]. Un tel débat n'est possible qu'en raison de notre conception du principe de dignité de la personne humaine. Ce principe pose davantage de questions existentielles en France qu'ailleurs.

Son utilisation est certes parfois remise en question mais jamais sa raison d'être. D'après le professeur Véronique CHAMPEIL-DESPLATS, les tensions suscitées par le principe de dignité en France pourraient tout d'abord trouver leur origine dans les premières références qui lui ont été faites. En ce qui concerne le juge administratif, il est vrai que les deux décisions *Morsang-sur-Orge* et *Aix-en-Provence* peuvent laisser dubitatif en ce qu'elles mettent à mal le principe d'autonomie de la personne en cause, tout en procédant à une construction jurisprudentielle visant l'approbation d'une nouvelle mesure

---

176 V. CHAMPEIL-DESPLATS, art. préc. *in* M. FATIN-ROUGE STEFANINI & G. SCOFFONI (dir.), *op. cit.*, pp. 173-180.

177 P. MALINVAUD, *loc. cit.*

178 P. MALINVAUD, *loc. cit.*

de police sans laquelle cette dernière n'aurait pas été justifiée. Aussi, ces décisions ont mis, sinon réduit, la dignité de la personne humaine au même rang que les autres composantes de l'ordre public, ce qui permet une fois encore de douter de son caractère fondateur de l'ordre juridique. De plus, l'auteure met l'accent sur une autre difficulté selon laquelle il n'existerait pas de construction juridique théorique « pure » à partir du système de dignité en France[179]. Une vérité qui s'explique par le caractère récent dudit principe, que certains ont d'ailleurs mis en exergue pour expliquer en quoi il ne serait pas approprié pour fonder notre ordre juridique en entier[180]. À cela s'ajoute évidemment la difficulté engendrée par l'absence de définition exacte de la dignité de la personne humaine dans les textes législatifs sur lesquels les juges se fondent. Cette carence conduirait ainsi les juges « *à présenter le principe de dignité comme une dérivation de l'ordre juridique* [comme dans l'affaire du lancer de nain], *et donc non comme son fondement* »[181]. En conséquence, le principe de dignité humaine ne pouvant puiser sa source dans le droit naturel, il ne peut avoir de valeur supra-constitutionnelle.

SECTION 2. LA NATURE DE LA DIGNITE

Si nous avons précédemment considéré qu'il était préférable de regarder le principe de dignité humaine à la lumière d'une conception positiviste, il n'en demeure pas moins que celui-ci reste un – pour ne pas dire « le » – principe

179 V. CHAMPEIL-DESPLATS, *Ibid.*

180 *V.* C. GIRARD, M. LOISELLE, « Le principe de dignité dans la doctrine constitutionnaliste », *in* C. GIRARD & S. HENNETTE-VAUCHEZ (dir.), *La dignité. Recherche sur un processus de juridicisation,* PUF, coll. Droit et Justice, 2005, p. 49 ; *adde.* C. GIRARD, S. HENNETTE-VAUCHEZ, « Questions de méthode », *in* C. GIRARD & S. HENNETTE-VAUCHEZ (dir.), *op. cit.*, p. 217.

181 V. CHAMPEIL-DESPLATS, art. préc. *in* M. FATIN-ROUGE STEFANINI & G. SCOFFONI (dir.), *op. cit.*, pp. 173-180.

fondateur des droits fondamentaux. Pour reprendre l'expression du professeur Muriel FABRE-MAGNAN, la dignité est un axiome, c'est-à-dire qu'elle « *exprime une proposition évidente de soi, échappant à toute démonstration, et s'imposant par un principe d'évidence ou autrement de certitude qui entre dans la constitution de l'esprit humain* »[182]. Pour l'auteure, la dignité est le fondement le plus profond du droit qu'il n'est cependant pas évident de transformer en concept juridique. En effet, « *la dignité de la personne humaine est d'une nature radicalement différente des autres concepts juridiques et n'entre dans aucune des catégories classiques telles que les droits subjectifs ni même en réalité les droits de l'homme* ».

Il conviendra alors d'en constater le caractère absolu (§1), avant de réfuter l'idée selon laquelle elle ne serait qu'un droit de troisième génération (§2).

§1. Le caractere absolu du principe

Il est d'usage de présenter le respect de la dignité de la personne humaine comme un principe absolu et « *indérogeable* »[183]. Pour commencer, ce qui est absolu est « *sans restriction aucune ; sans limites* »[184]. Ce caractère a d'ailleurs été affirmé à l'occasion de l'affaire du « lancer de nain » par le Commissaire du gouvernement Patrick FRYDMAN qui évoquait dans ses conclusions que « *le respect de la dignité de la personne humaine, concept absolu s'il en est, ne saurait en effet s'accommoder de quelconques concessions en fonction des appréciations subjectives que chacun peut porter à son sujet* »[185]. Dans le même sens,

182 M. FABRE-MAGNAN, « La dignité en Droit : un axiome », RIEJ, 2007/1, vol. 58, pp. 1-30.

183 N. LENOIR, *Bioéthique, Constitutions et droits de l'homme,* Rev. Diogène 1995, n° 172, p. 29.

184 Association H. CAPITANT, *Vocabulaire juridique*, G. CORNU (dir.), PUF, coll. Quadrige, 12e éd., 2017, *v°* Absolu.

185 P. FRYDMAN, concl. CE, ass., 27 oct. 1995, *Ville d'Aix-en-Provence*, n° 143578, Lebon 372, RFDA 1995, p. 1204.

la Cour de Strasbourg n'admet aucune dérogation lorsque le principe de dignité est invoqué dans des affaires relatives à l'interdiction de la torture ou encore à l'interdiction des peines et des traitements inhumains et dégradants[186]. Cependant, certains viennent nuancer cette considération. Selon le professeur Véronique CHAMPEIL-DESPLATS, ce principe présente une première limite en ce qu'il doit être concilié avec « *les normes à valeur constitutionnelle applicables* »[187] en tant que principe à valeur constitutionnelle. Mais cette nécessaire conciliation apporte-t-elle une réelle limite au principe de dignité ? À titre d'illustration, l'auteure invoque le cas des vaccinations obligatoires où le juge administratif aurait fait primer la protection de la santé[188]. Pourtant, il nous semble qu'un pareil constat aurait pu être fait uniquement si le juge avait reconnu une atteinte au principe de dignité humaine et qu'il aurait, malgré tout, autorisé ces vaccinations. Certes, le juge administratif procède de manière quasi-systématique à une mise en balance entre la dignité de la personne humaine et un autre principe. Mais cela ne revient pas à dire que lorsqu'il caractérise une atteinte au principe de dignité de la personne humaine, il fait primer l'autre droit invoqué sur lui. Pour le professeur Muriel FABRE-MAGNAN, « *la dignité de la personne humaine est* (…) *le principe fondateur des droits de l'homme et non pas un droit de l'homme* »[189]. Elle déplore le fait que les juges aient tendance à oublier cette précieuse distinction et procèdent à une traditionnelle mise en balance qui

---

186 CEDH, 4 déc. 1995, *Ribitsch c/ Autriche*, n° 18896/91 ; *v.* F. SUDRE, « Droits de la convention européenne des droits de l'homme », JCP G 1996, I, 3910.

187 Cons. const., 16 sept. 2010, Décision QPC n° 2010-25, JO 17 sept. 2010, p. 16847.

188 CE, 26 nov. 2001, *Association Liberté Information Santé et autres*, n° 222741, Lebon 578.

189 M. FABRE-MAGNAN, « Le statut juridique du principe de dignité », Droits. Revue française de théorie, de philosophie et de culture juridiques, PUF, 2013/2, n° 58, p. 176, qui refuse néanmoins toute considération relevant du droit naturel.

impliquerait une conciliation avec les autres droits fondamentaux, que pourtant le principe de dignité fonde entièrement. En effet, elle cite les arrêts *Viking* et *Laval* des 11 et 18 décembre 2007[190] dans lesquels la Cour de Justice de l'Union européenne a mis en balance la dignité avec, notamment, la liberté d'entreprendre.
Elle conclut alors, à juste titre, que la dignité de la personne humaine ainsi évoquée face à des libertés économiques de l'Union pourrait laisser croire que la première puisse être limitée, avortée par les secondes. En d'autres termes, « *ces libertés pourraient-elles justifier que des êtres humains soient traités de façon indigne ?* ». Tout dépend de la définition que l'on retient de la dignité de la personne humaine. La réponse pourrait être positive avec une conception large de la dignité, qui serait alors « *amenée à céder le pas devant d'autres intérêts, même purement économiques* » alors qu'elle doit au contraire être indérogeable.

§2. UN DROIT DE TROISIEME GENERATION ?

S'il convient d'accorder au principe de dignité tout son caractère essentiel, fondamental, certaines identités qui lui sont attribuées n'apparaissent pas toujours des plus justifiées. D'aucuns le considèrent comme un droit « de troisième génération ». Pour mieux comprendre il convient tout d'abord d'étudier les droits de première et deuxième génération. Les droits de première génération sont les droits civils et politiques tels que le droit de vote, la liberté d'expression, d'opinion, l'égalité devant l'impôt. Les droits de deuxième génération ou « droits-créances », proclamés par le Préambule de 1946, sont le droit syndical ou encore le droit de grève et nécessitent l'intervention de l'État pour être garantis. Plus récemment seraient alors apparus des droits de « troisième génération », dits droits de solidarité, qui désignent le droit à

---

190 CJUE, 1er déc. 2007, *Viking*, C-438/05 ; CJUE, 18 déc. 2007, *Laval*, C-341/05.

la paix, le droit au développement, le droit à l'environnement et le droit au respect du patrimoine commun de l'humanité[191]. Ces derniers, contrairement aux précédents, se sont d'abord révélés en droit international avant d'être repris dans le droit interne. Ils ne figurent pas en tant que tels dans la Constitution française puisque les textes internationaux n'intègrent pas le bloc de constitutionnalité[192]. Certains principes déjà présents dans le bloc de constitutionnalité font cependant écho aux principes de troisième génération, comme le droit de la paix que l'on peut retrouver dans le Préambule de 1946 qui dispose que la République française « *n'entreprendra aucune guerre dans des vues de conquête et n'emploiera jamais ses forces contre la liberté d'aucun peuple* ». Sans entrer dans plus de détails, cette précision permet tout de même de mettre l'accent sur l'absence d'inscription explicite de ces droits dans les écrits constitutionnels français. Cette absence conduit une partie de la doctrine à considérer que ces droits de troisième génération ne seraient pas de véritables droits de l'homme[193]. En effet, ce ne sont pas des droits individuels, ils ne s'attachent plus à la personne seule mais à son appartenance à l'Humanité[194]. Dès lors, puisque tous les êtres humains font partie de cette communauté, tout ce qui touche l'un porte atteinte à

---

191 D. URIBE VARGAS, « La troisième génération des droits de l'Homme », Recueil des Cours de l'Académie de Droit International de La Haye (RCADI), 1984, p. 184 et p. 359.

192 D. ROUSSEAU, « Les droits de l'homme de la troisième génération », RIEJ 1987/2, vol. 19, pp. 19-31.

193 *V.* sur ce point R. PELLOUX, « Vrais ou faux droits de l'Homme », RDP 1981, p. 52 ; J. RIVERO, Vers de nouveaux droits de l'Homme, Revue des Sciences morales et politiques, 1982, p. 673. Selon D. ROUSSEAU « *pour ces auteurs, ces nouveaux droits sont incertains quant à leurs titulaires, leur objet et leur débiteur, et dangereux pour la notion même des droits de l'Homme qui, devenant "attrape-tout", perdrait toute signification* » (D. ROUSSEAU, *art. préc*).

194 R. OLLARD, « Tortures et actes de barbarie », *J. Cl. Pénal*, Fasc. 20, 2017 n° 11.

l'ensemble, en tant que tout indivisible[195]. Si cette qualification a certes pour avantage « *de mettre la dignité de la personne humaine au-dessus des autres droits de l'homme* », le professeur FABRE-MAGNAN fait néanmoins observer que celle-ci supposerait « *d'affirmer que l'humanité dans son ensemble prime sur chacun des êtres humains pris individuellement, ce qui (…) est même sans doute incompatible avec ce que veut dire la dignité de la personne humaine, à savoir la valeur infinie de l'être humain et donc de chaque être humain* »[196]. Il n'est donc pas correct de considérer la dignité humaine comme un droit de troisième génération puisque son existence est plus ancienne que celle tous les droits de l'homme qu'elle a, par ailleurs, fondés. Et l'auteure de conclure avec raison que « *la dignité de la personne humaine n'est en définitive ni un droit subjectif, ni un droit de l'homme, mais un principe* ».

En somme, le respect de la dignité de la personne humaine est bel et bien un principe dont la valeur est seulement constitutionnelle. Il est, en théorie, un principe absolu auquel il est impossible de déroger. Bien que le juge administratif le mette usuellement en balance avec un autre droit, et que ce procédé soulève certains doutes[197], ce principe se suffit-il à lui-même en pratique ?

---

195 A. GOGORZA, « La dignité humaine », *in* J.-Ch. SAINT-PAU (dir.), *Traité des droits de la personnalité*, LexisNexis, 2013, n° 212 ; *adde.* C. KHUN, « La dignité humaine », *in* R. BERNARD-MENORET (dir.), *Le grand oral : les droits et libertés fondamentaux*, Ellipses, 1re éd., 2016, p. 81.

196 M. FABRE-MAGNAN, *art. préc.*, p. 177.

197 En effet, si la dignité de la personne humaine est le fondement de tous les droits fondamentaux, comment expliquer qu'elle soit un moyen de limiter des droits qu'elle est censée justifier ?

CHAPITRE 2. UNE NORME AUX CONTOURS TANGIBLES

Le principe de dignité de la personne humaine n'a de cesse d'être invoqué par les requérants au soutien de leurs multiples requêtes. Protection du corps, fonction sociale ou publique, droit d'asile… Il s'est immiscé dans la quasi-totalité des domaines au point d'être qualifié par certains de « tentaculaire » [198] et rend incertaine la portée de son invocation. Avec un contenu encore imprécis (Section 1), ce principe est nécessairement subjectif et évolutif, au point de faire émerger en doctrine la crainte d'un ordre moral institué par le juge (Section 2). Le professeur Paul MARTENS a ainsi remarqué que « *la dignité humaine est en passe de devenir la notion la plus agaçante de la littérature judiciaire tant elle se prête à des utilisations variées. Elle est l'alibi des caprices des juges et, par voie de conséquence, la bête noire de la doctrine* »[199].

SECTION 1. UN PRINCIPE AU POTENTIEL ILLIMITE

Si déterminer ce qu'est précisément la dignité humaine n'est pas chose aisée, il est tout aussi périlleux d'en observer l'étendue exacte. Il s'agira ici d'imposer des limites au champ d'application de ce principe « *dont chacun ressent intuitivement la réalité et la force, même si les appréciations relatives à sa consistance peuvent varier* »[200]. Pour avoir une réelle force juridique il doit

198 V. SAINT-JAMES, « *Réflexions sur la dignité de l'être humain en tant que concept juridique du droit français* », D. 1997, p. 61.

199 P. MARTENS, « Encore la dignité humaine : réflexions d'un juge sur la promotion par les juges d'une norme suspecte », *in Les droits de l'homme au seuil du troisième millénaire : mélanges en hommage à Pierre Lambert*, Bruxelles, Bruylant, 2000, p. 562.

200 B. MATHIEU, « La dignité de la personne humaine : quel droit ? quel titulaire ? », D. 1996, p. 282.

nécessairement être encadré et c'est bien parce qu'il touche à l'essence même de l'homme qu'il est difficile à cerner.
Nous nous efforcerons malgré tout de définir où il commence (§1) et jusqu'où il peut s'étendre (§2).

§1. LE COMMENCEMENT CERTAIN DU PRINCIPE DE DIGNITE

Il est possible de déterminer où commence le principe de dignité sans prendre le moindre risque. Il s'agit alors de revenir à sa raison d'être, le contexte dans lequel il s'est révélé au monde entier, à savoir la protection de l'intégrité physique (A). Mais la dignité de la personne humaine ne peut se réduire à une enveloppe charnelle, elle est aussi une unité du corps et de l'esprit[201] (B).

A) La protection de l'intégrité physique

C'est à la suite de la Seconde guerre mondiale et en réaction aux atrocités qui ont été commises lors de l'Holocauste que le concept de dignité de la personne humaine prend tout son sens et intègre la quasi-totalité des textes internationaux portant sur les droits fondamentaux. En effet, « *c'est dans le cadre de la Seconde Guerre mondiale, que l'on fit une terrible "découverte" : un régime inhumain tentait de détruire ce qu'il y a d'humain dans l'homme. Face à cette barbarie inégalée, le droit était démuni. Il a fallu élaborer une nouvelle catégorie juridique pour l'appréhender et qu'elle ne se reproduise plus* »[202]. Dans cette perspective, la dignité de la personne humaine sert à la fois à condamner les horreurs perpétrées et à réhabiliter

---

201 X. BIOY, *Le concept de la personne humaine en droit public. Recherche sur le sujet des droits fondamentaux*, préf. H. ROUSSILLON, Dalloz, coll. Nouvelle Bibliothèque de Thèse, 2003, vol. 22, n° 825, p. 434.
202 M.-L. PAVIA, « La découverte de la dignité de la personne humaine », *in* M.-L. PAVIA, T. REVET (dir.), *La dignité de la personne humaine*, Economica, coll. Études Juridiques, Paris, 1999, p. 3 et 6.

l'attachement et la foi en l'humain[203]. Cette démarche contribue alors à faire le lien entre la personne et le corps, que la différence de nature séparait jusqu'alors[204] (et qui n'était pas réellement fait avec l'ancienne notion de *Dignitas*). Pascal HAEGEL considère d'ailleurs que si « *la personne humaine ne peut donc pas être en vacance de son corps, c'est substantiellement qu'il intègre l'individu* »[205]. Parce que le corps est le *substratum* de la personne[206], c'est « *presque toujours associé à cette question de la sûreté physique* » que le terme de « personne » s'inscrit dans la plupart des déclarations[207]. La « personne humaine » est, elle, introduite en droit positif par le Conseil d'État à l'occasion de l'arrêt *Milhaud*[208] de 1993, précurseur des futures consécrations que recevra la dignité les années suivantes. L'intégrité corporelle est donc assurément protégée par le principe de dignité de la personne humaine : prélèvements sur personnes vivantes, fouilles corporelles, torture, traitements inhumains et dégradants… Dans sa thèse, le professeur Xavier BIOY[209] reconnaissait deux catégories d'atteintes pouvant être faites à l'intégrité corporelle.
D'un côté, une atteinte plutôt objective et directe au corps et d'un autre côté – de manière plus extensive – toute atteinte artificielle aux fonctions normales du corps (comme une entrave à la fonction reproductive par exemple).

---

[203] S. HENNETTE-VAUCHEZ, « Une dignitas humaine ? Vieilles outres, vin nouveau », Droits. Revue française de théorie, de philosophie et de culture juridiques, PUF, 2008/2 n° 48, p. 60.
[204] X. BIOY, *op. cit.*, n° 824, p. 434.
[205] P. HAEGEL, *Le corps : quel défi pour la personne ?*, Fayard, 1999, p. 266.
[206] J. CARBONNIER, *Droit civil, t. 1 Les personnes*, PUF, coll. Thémis, 21e éd., 2000, n° 48.
[207] X. BIOY, *op. cit.*, n° 829, p. 436.
[208] CE, ass., 2 juill. 1993, *Milhaud*, n° 124960, Lebon 194.
[209] X. BIOY, *Le concept de la personne humaine en droit public. Recherche sur le sujet des droits fondamentaux*, *op. cit.*

B) La protection de l'intégrité mentale

La dignité sert autant à protéger le corps que l'esprit qui l'habite. Elle peut donc intervenir au soutien d'un état de vulnérabilité dans lequel pourrait se retrouver toute personne. Il est prévu qu' « *en toutes circonstances, la dignité de la personne hospitalisée doit être respectée et sa réinsertion recherchée* »[210] pour les personnes atteintes de troubles mentaux hospitalisées sous contrainte, c'est-à-dire sans leur consentement. C'est à la lumière de cette exigence que celles-ci bénéficient de droits tels que le droit de prendre conseil auprès d'un médecin ou d'un avocat de leur choix, d'exercer leur droit de vote ou encore de se livrer aux activités religieuses ou philosophiques de leur choix. Le droit administratif de la santé publique a ainsi mis en place une « *protection institutionnelle des personnes en état passager ou prolongé de vulnérabilité* »[211]. Plus encore, cette protection « *indépendante des mécanismes de droit privé relatifs aux incapacités, qui devraient en principe suffire, révèle un peu plus l'action menée par la collectivité pour garantir à chacun de ses membres un bouclier objectif contre les atteintes à la dignité perçues génétiquement comme les abus de pouvoir possibles, en l'occurrence essentiellement de la part du personnel médical, à l'encontre de personnes qui se trouvent en position de faiblesse sociale, voire au degré le plus fort, en position d'être traitées comme des objets* »[212]. Ainsi, malgré les difficultés rencontrées par le Droit pour séparer le physique du psychique et qui tend dès lors souvent à les aborder ensemble, la dignité de la personne humaine trouve sa place pour protéger ce que le professeur Xavier BIOY appelle « l'intégrité mentale » de la personne[213]. Toujours à propos des atteintes pouvant être portées au principe de dignité de la personne humaine dans sa dimension psychologique, « *les offenses, des pratiques humiliantes comme les excès du bizutage ou l'exploitation des*

210 CSP, art. L.3211-3.

211 X. BIOY, *op. cit.*, n° 861, p. 451.

212 X. BIOY, *op. cit.*, n° 862, p. 451.

213 X. BIOY, *loc. cit.*

personnes en état de pauvreté »[214] sont également sanctionnées. Mais il s'agit là d'une utilisation assez personnelle du principe de dignité susceptible d'être débattue.

Il est donc certain que le principe de dignité de la personne humaine englobe tout ce qui peut porter atteinte à l'intégrité physique et mentale de l'individu. Si la prise en considération du psychique s'est faite plus difficilement en Droit, elle n'en demeure pas moins efficiente. Dans cette perspective, les frontières de ce principe sont alors solidement établies. Susceptible d'être invoqué dans une multitude de cas, son caractère malléable peut cependant lui porter préjudice et rendre sa délimitation moins perceptible.

§2. LA FIN INCERTAINE DU PRINCIPE DE DIGNITE

Nous avons vu que le principe de dignité est un principe fondateur et absolu qui fonde les droits fondamentaux. Mais la dignité peut-elle venir au soutien de tous les droits fondamentaux ou existe-t-il des domaines qui doivent lui rester fermés pour ne pas en dénaturer la substance ? À être présente partout, nous verrons en effet qu'elle peine à se suffire à elle-même (B). De plus, il n'est pas certain que le principe de dignité ne puisse concerner que la « personne humaine » vivante (A).

A) Aux extrémités de la vie

Plusieurs incertitudes demeurent sur les frontières du principe de dignité. Pour commencer, en ce qui concerne ses potentiels bénéficiaires. Si le principe porte effectivement sur la « personne humaine », qu'en est-il de l'embryon ou du défunt ? L'effectivité du principe de dignité ne pose aucune

214 V. CHAMPEIL-DESPLATS, « Dignité de la personne », *J. Cl.* Libertés, Fasc. 540, 2011.

difficulté au cours de la vie, tandis que sa portée tend à se brouiller si l'on s'intéresse à ce qui se situe avant la naissance et après la mort d'une personne.
En ce qui concerne l'embryon, et avant toute réponse, il convient d'observer que reconnaître à l'embryon une dignité pose nécessairement des questions sur la possibilité de recourir à une interruption volontaire de grossesse. Là sont tous les enjeux d'un débat sociétal épineux et complexe. Définir un véritable statut à l'embryon reviendrait d'une part à restreindre le droit de la mère à recourir à l'avortement et, d'autre part, à limiter les recherches scientifiques dont il fait traditionnellement l'objet. Toute la question est de savoir s'il peut bénéficier de la protection du principe de dignité de la personne humaine et donc être titulaire du droit à la vie. Comme le remarque le professeur Véronique CHAMPEIL-DESPLATS, cette question « *oppose tout particulièrement les Églises et les chercheurs* »[215]. Les premières confèrent la qualité de personne à l'embryon[216], tandis que les seconds favorisent la recherche en admettant que certaines limites puissent être posées. Les juges se sont donc attachés à respecter les considérations de chacun, sans toutefois caractériser une atteinte au principe de sauvegarde de la dignité avec la commercialisation de la pilule abortive[217] ou l'allongement de dix à douze semaines de la durée possible pour procéder à une interruption volontaire de grossesse[218]. Et l'auteure d'ajouter que même si aucune décision ne fait expressément référence

215 V. CHAMPEIL-DESPLATS, *art. préc.*, n° 31.

216 *V.* Jean-Paul II, « Evangelium vitæ », Lettre encyclique sur la vie, 25 mars 1995 : « *L'utilisation des embryons ou des fœtus humains comme objets d'expérimentation constitue un crime contre leur dignité d'êtres humains, qui ont droit à un respect égal à celui dû à l'enfant déjà né et à toute personne* ».

217 CE, 25 avr. 2001, *Association Choisir la vie*, n° 216521, Lebon 190.

218 Cons. const., 27 juin 2001, Décision n° 2001-446 DC : la loi permettant cet allongement n'ayant pas « *rompu l'équilibre que le respect de la Constitution impose entre, d'une part, la sauvegarde de la dignité de la personne humaine contre toute forme de dégradation et, d'autre part, la liberté de la femme qui découle de l'article 2 de la Déclaration des droits de l'homme et du citoyen* ».

à la dignité de la mère en France, il semble malgré tout qu'elle penche à sa faveur[219].

S'agissant du défunt, le juge administratif a proclamé dans l'arrêt *Milhaud* précité que les « *principes déontologiques fondamentaux relatifs au respect de la personne humaine qui s'imposent au médecin dans ses rapports avec son patient (…) ne cessent pas de s'appliquer avec la mort de celui-ci* »[220]. La dignité gouverne la conduite des médecins[221] ainsi que les autopsies judiciaires[222]. Elle est également garantie par l'article 16-1-1 du Code civil qui prévoit que « *le respect dû au corps humain ne cesse pas avec la mort* », en conséquence de quoi « *les restes des personnes décédées y compris les cendres de celles dont le corps a donné lieu à crémation, doivent être traités avec respect, dignité et décence* ». Sur le fondement de cet article, la Cour de cassation a pu censurer, en raison de sa finalité commerciale, une exposition de cadavres humains[223]. Enfin, les atteintes à l'intégrité du cadavre constituent un délit dont la peine est d'un an d'emprisonnement et de 15.000€ d'amende[224] (hors aggravation). En revanche, ne porte pas une atteinte au principe de dignité de la personne humaine l'autorisation préfectorale autorisant l'exploitation d'un centre de traitement et de valorisation des déchets sur un site de mémoire où sont enterrées les dépouilles de soldats de la

---

219 Tandis qu'aux États-Unis, le fait pour une femme de pouvoir recourir à l'avortement est considéré comme « central » pour l'autonomie et la dignité de la personne *cf. Cour Suprême, Planned parenthood c/ Casey*, 505 US 833, 1992.

220 CE, ass., 2 juill. 1993, *Milhaud, préc.*

221 CSP, art. R. 4127-2 : « *Le médecin, au service de l'individu et de la santé publique, exerce sa mission dans le respect de la vie humaine, de la personne et de sa dignité. Le respect dû à la personne ne cesse pas de s'imposer après la mort* ».

222 C. pr. pén., art. L.230-29 : « *Il ne peut être refusé aux proches du défunt qui le souhaitent d'avoir accès au corps avant sa mise en bière, sauf pour des raisons de santé publique. L'accès au corps se déroule dans des conditions qui leur garantissent respect, dignité, décence et humanité* ».

223 Cass. 1re civ., 16 sept. 2010, n° 09-67.456, *Our Body*.

224 C. pén., art. L. 225-17.

première guerre mondiale[225]. En définitive, si la dignité figure bien dans les textes relatifs aux personnes décédées, elle relève ici plus du respect dû aux morts que de ce qui est induit par le principe de dignité de la personne humaine. Il est alors préférable de considérer que la dignité « *doit demeurer l'exclusivité des vivants* », puisqu'elle « *ne saurait être dite l'attribut d'une res — et une chose, le corps mort en est une, fut-elle humaine et sacrée* »[226].

B) Une portée relative née d'ambitions contraires

Puisqu'on ne compte plus les droits susceptibles d'être garantis par le principe de dignité, il arrive alors que celui-ci soit invoqué dans les deux camps d'un même débat. L'étude du statut de l'embryon en est une première illustration. Invoqué d'un côté au profit de l'embryon pour des convictions religieuses et de l'autre au profit de la mère qui doit pouvoir disposer de son corps en toute liberté, le principe de dignité répond ici à deux intentions contradictoires. Un constat idoine peut être dressé à propos de l'euthanasie. Une fois encore, la dignité sert tout autant ses partisans que ses détracteurs, qui invoquent tous deux le droit de mourir dignement. Cette ambivalence du principe de dignité a alors conduit certains à le qualifier de « schizophrène »[227]. Ce principe peut effectivement justifier tout et son contraire « *le port du voile islamique au nom du respect de profondes convictions religieuses ou son retrait au nom de l'épanouissement et de l'autonomie de la femme* » ou encore de manière tout de même moins explicite « *la protection du "sans domicile fixe" ou le respect de sa volonté de rester dans la rue en période de grand froid* »[228]. Tout ceci ne fait que conforter l'idée d'une

---

225 CE, 26 nov. 2008, *Syndicat mixte de la vallée de l'Oise*, n° 301151, Lebon.
226 P.-J. DELAGE, « Respect des morts, dignité des vivants », D. 2010, p. 2044.
227 J.-M. BRUGUIÈRE, « La dignité schizophrène ? », D. 2005, p. 1169.
228 V. CHAMPEIL-DESPLATS, *art. préc.*, n° 22.

certaine porosité des frontières du principe de dignité, qui est pourtant invoqué sur tous les fronts.

Il apparaît alors intéressant, voire nécessaire, de s'interroger sur les raisons de cette ambiguïté. Tout d'abord, en raison de sa nature puisqu'il est un « principe matriciel », pour reprendre l'expression du professeur Bertrand MATHIEU, qui fonde une grande partie de nos droits fondamentaux. Il est un principe à la teneur extrêmement riche qu'il est tentant d'invoquer au soutien de multiples requêtes. Mais un recours trop récurent à ce principe peut contribuer à sa dilution. Aussi, le recensement effectué dans la première partie de notre étude permet d'apporter un autre élément de réponse. En regardant de près les requêtes portées devant le juge administratif, il est possible de constater que le principe de dignité de la personne humaine n'est jamais invoqué seul. Il résulte de l'ensemble de notre travail de recensement qu'il est toujours accompagné d'un texte de loi ou d'un article de la Convention européenne des droits de l'homme (notamment l'article 3 sur les traitements inhumains et dégradants). Le professeur Jean-Michel BRUGUIÈRE rappelle justement un proverbe arabe selon lequel « *le trop de quelque chose est un manque de quelque chose* »[229]. Ce n'est donc pas la légitimité du principe qui est en cause mais l'utilisation qui en est faite. À partir du moment où il n'intervient que pour soutenir, il ne se suffit pas à lui-même. Comme le résume le professeur François LLORENS, le justiciable invoque ce principe notamment pour sa valeur constitutionnelle alors même que la pertinence de son moyen n'est pas certaine. En effet, « *c'est le "on ne sait jamais" du justiciable, qui cherche à faire flèche de tout bois pour faire triompher ses droits ou intérêts, mais qui parfois aussi s'en remet à la dignité humaine comme à un recours suprême lorsqu'il désespère des autres moyens que lui offre le droit pour remédier à une situation de détresse morale, physique ou sociale qu'il estime intolérable. La tentation d'en appeler au respect de*

229 J.-M. BRUGUIÈRE, *art. préc.*

la dignité humaine se mue alors naturellement en tentative »[230]. Le juge administratif quant à lui ne statue que très rarement sur ce fondement exclusif. Il est même une quantité d'arrêts où la dignité, certes invoquée, n'est pas reprise dans la solution. Le juge fait ainsi preuve de prudence dans l'application de ce principe, assurément conscient de son potentiel illimité. L'on peut alors s'interroger sur les risques que présenterait une attitude contraire.

SECTION 2. UN PRINCIPE MALLEABLE

Enfin, nous porterons un regard critique sur l'appropriation du concept de dignité par le juge. Il s'agira en effet d'étudier premièrement les raisons qui poussent une partie de la doctrine à craindre l'avènement d'un ordre moral institué par celui-ci sous-couvert de la protection du principe de dignité (§1).

Ces considérations seront toutefois nuancées puisque le juge reste compétent pour contrôler les mesures de police qui sont prises au nom du respect de ce principe et qu'il se borne à constater les évolutions de ce dernier, malgré certaines prises de position discutables (§2).

§1. LA SUBJECTIVISATION DE L'APPRECIATION PRETORIENNE

Le principe de dignité de la personne humaine pris dans son sens objectif « *est une règle dirigeant les comportements individuels, puisqu'elle conduit à distinguer entre l'attitude, digne ou indigne, de la personne humaine* »[231]. Dès lors, elle assure une certaine cohésion au sein de la société, les citoyens peuvent voir leurs libertés individuelles limitées puisqu'ils font partie intégrante de l'humanité. Plus encore, « *chaque individu est lui-*

---

230 F. LLORENS, « Justice administrative et dignité humaine », RDP 2011, n° 2, p. 299.

231 M. GOUGET, *L'encadrement juridique de la libre disposition de soi*, th., Limoges, 2019.

même, en tant qu'individu, une totalité, qu'il est lui-même déjà universel»[232]. Ainsi dignes de leur humanité, les hommes se doivent de respecter des règles de conduite empreintes du principe de dignité. Mais un tel raisonnement peut conduire, au nom du respect de cette dignité universelle, à des situations préoccupantes. Avec l'affaire du « lancer de nain », c'est bien la reconnaissance d'une atteinte à la dignité qui a permis l'interdiction du spectacle mis en cause. Le « cascadeur » s'est vu objecter le respect de la dignité humaine alors même qu'il démontrait consentir à la pratique de cette activité, si contestable était-elle. Selon lui, celle-ci lui permettait bien au contraire de gagner sa vie et de vivre dignement. Étaient donc confrontées la dignité de l'espèce humaine, spécifique, et la dignité propre de l'individu, individualiste. Pour ce faire, le juge a alors fait appel à son for intérieur « *et à son ressenti de ce qu'il y a d'essentiel dans la nature humaine* »[233]. C'est donc une conception objective et absolue de ce que doit être la dignité humaine. Dans cette perspective, la dignité peut dès lors justifier les sanctions de certaines pratiques telles que le sadomasochisme[234], la prostitution ou la gestation pour autrui.

---

232 R. SPAEMANN, *Notions fondamentales de morale*, trad. S. Robillard, Paris, Flammarion, 1999, p. 92 et 90 ; *adde*. T. DE KONINCK, « Archéologie de la notion de dignité humaine », *in* T. DE KONINCK & G. LAROCHELLE (dir.), *La dignité humaine. Philosophie, droit politique, économie, médecine*, PUF, coll. Débats philosophiques, 1re éd., 2005, p. 39.

233 M. CANEDO-PARIS, « La dignité en tant que composante de l'ordre public : l'inattendu retour en droit administratif français d'un concept controversé », RFDA 2008, p. 979.

234 La Cour européenne des droits de l'homme allait en ce sens avec sa jurisprudence *Laskey* (CEDH, 19 févr. 1997, *Laskey, Jaggard et Brown c/ Royaume-Uni*, nos 21627/93, 21628/93, 21974/93) avant d'opérer un revirement à l'occasion du célèbre arrêt *K.A. et A.D* (CEDH, 17 févr. 2005, *K. A. et A. D. c/ Belgique*, nos 42758/98 et 45558/99) dans lequel elle a considéré que « *le droit d'entretenir des relations sexuelles découle du droit de disposer de son corps, partie intégrante de la notion d'autonomie personnelle* » avec lequel le

Cette irruption de la dignité dans la liberté de disposer de soi s'explique en partie par le fait que « *le principe de dignité est caractérisé par une dualité essentielle : elle est toujours en même temps publique et privée* ». D'ailleurs, le professeur Muriel FABRE-MAGNAN considère à ce propos qu' « *il y a un aspect du rapport de soi à soi qui n'est pas de la seule sphère du privé mais qui a à voir avec la sphère publique* »[235]. Est alors mis en lumière le potentiel caractère « liberticide » de ce principe, dont l'utilisation permet parfois d'aller à l'encontre de la volonté de l'individu et de sa liberté de disposer de lui-même, comme il l'entend. Quelques auteurs redoutent l'instauration d'un ordre moral qui serait attentatoire aux libertés[236], un véritable blanc-seing laissé au juge qui pourrait déterminer arbitrairement, le contenu du principe de dignité, avec toutes les conséquences que cela implique. Ainsi, la moralité publique ne fait l'objet d'aucune contestation puisqu'elle viendrait « *d'en bas, de l'expression de la conscience collective, des aspirations de la société en un lieu donné et à un moment donné* », tandis que l'ordre moral tant redouté viendrait d'en haut, « *l'autorité de police pouvant, sous contrôle du juge administratif, en imposer sa conception aux citoyens* »[237]. Il est vrai que lorsque le juge procède à la reconnaissance d'une atteinte à la dignité, composante de l'ordre public, dans les espèces précédemment évoquées, il fait preuve d'une

---

droit pénal ne doit en principe pas interférer. Cette dernière affaire a suscité débats et véhémences pour ne pas avoir validé la procédure belge procédant en l'espèce à la caractérisation d'une atteinte à la dignité de la personne humaine. Un tel raisonnement aurait, là encore, permis de transcender la volonté individuelle des personnes s'adonnant à cette pratique sexuelle afin de leur imposer, en quelque sorte, « la dignité de tous ».

235 M. FABRE-MAGNAN, « Le sadisme n'est pas un droit de l'homme », D. 2005, p. 2973.

236 G. LEBRETON, « Ordre public et dignité de la personne : un problème de frontière » *in* M.-J. REDOR (dir.), *L'ordre public : ordre public ou ordres publics ? Ordre public et droits fondamentaux*, Bruylant, coll. Droit et justice, Bruxelles, 2001, p. 365.

237 M. CANEDO-PARIS, art. préc.

certaine subjectivité[238]. Mais subjectivité est-elle synonyme d'arbitraire ?

Certains considèrent que le principe de dignité serait principalement utilisé par le juge pour s'arroger un pouvoir politique illégitime en s'instituant gardien des valeurs morales[239]. En se plaçant sur le terrain des valeurs, le juge se reconnaitrait de nouvelles prérogatives grâce à la consécration de ce principe. En pénétrant dans le domaine de la morale, il passerait de « *l'appréciation du juste à l'appréciation du bien* ». Alors, placé « *sous la dépendance exclusive de son libre arbitre, il se laisse guider par son sentiment personnel d'indignation face à des situations qui le choquent* »[240]. Ce déplacement du rôle du juge s'expliquerait alors par sa volonté de « *prendre sa place dans l'espace public* »[241].

D'aucuns vont même plus loin dans leur critique, puisqu'ils vont jusqu'à affirmer que, du fait de cette consécration du principe de dignité de la personne humaine, la France est

---

238 *V.* sur ce point Mme. F. MBALA MBALA (*La notion philosophique de dignité à l'épreuve de sa consécration juridique*, th., Lille, 2007, p. 141) qui dénie à la dignité son objectivité : « *qu'est ce qui différencie alors la personne qui se livre à la prostitution du « nain lancé » dans la mesure où celui-ci également affirme tout comme celle-là, exercer une activité qu'il aurait librement choisi ? Le regard porté par la société est déterminant, clément dans le premier cas et très sévère dans le second. Et c'est ce regard que l'on veut nous faire passer pour une vision objective de la notion de dignité ! Nous ne sommes pas convaincus* » (F. MBALA MBALA, La notion philosophique de dignité à l'épreuve de sa consécration juridique, thèse (2007), p. 141).

239 F. BUSSY, « La consécration par le juge français du respect de la dignité humaine », *in Justice et droits fondamentaux. Études offertes à Jacques Normand*, Paris, Litec, 2003, pp. 61-70.

240 F. BUSSY, *Ibid.*

241 D. SALAS, « L'arrêt Perruche : un scandale qui n'a pas eu lieu », D. 2001, n° hors-série, Justices, 24 mai 2001, p. 14.

devenue « *un pays dangereux* »[242], ce qu'il convient de nuancer pour plusieurs raisons.

§2. L'APPLICATION MESUREE D'UN PRINCIPE AUX MAINS DU TEMPS

Nous n'opterons pas pour la thèse de l'avènement d'un ordre moral mais pour celle du progrès dans la reconnaissance de la spécificité de l'être humain. En effet, le maniement du principe par le juge administratif reste extrêmement prudent, suivant les mises en garde formulées par le Commissaire du gouvernement Patrick FRYDMAN au moment de l'affaire du « lancer de nain »[243] mais aussi les limites qu'il s'est lui-même imposé à l'occasion d'un rapport en 1999[244]. Un principe tel que celui de dignité est nécessairement évolutif et soumis à l'évolution des mœurs. Le juge a donc sa place pour l'adapter à ces nouvelles nécessités. Puisqu'il est entre les mains du temps, « *sa signification est susceptible de varier selon les lieux, les époques ou encore les appréciations subjectives de chacun* »[245].

Une partie de la doctrine considère que cette faculté laissée au juge est dangereuse puisqu'il revient au Parlement de discuter des choix éthiques fondamentaux [246], seulement l'absence de définition légale contraint le juge à tracer lui-même les contours de ce principe. Quelle que soit la forme sous laquelle elle est

---

242 G. LEBRETON, « Les ambiguïtés du droit français à l'égard de la dignité de la personne humaine », *in Mélanges offerts à Patrice Gélard*, Droit constitutionnel, Montchrestien, 1999, p. 63.
243 P. FRYDMAN, concl. CE, Ass., 27 oct. 1995, *Commune de Morsang-sur-Orge* & *Ville d'Aix-en-Provence*, *préc.*, RFDA 1995. 1204.
244 Rapport public CE, L'intérêt général, EDCE, 1999, p. 295.
245 O. BONNEFOY, « Dignité de la personne humaine et police administrative, Les noces de porcelaine d'un mariage fragile », AJDA 2016, p. 418.
246 F. BUSSY, *art. préc.*, *in Justice et droits fondamentaux. Études offertes à Jacques Normand*, *loc. cit.*

employée, c'est-à-dire dans une perspective universelle ou individualiste, la dignité ne reçoit pas toujours le traitement espéré. Lorsqu'elle est utilisée dans sa dimension universelle, au nom de l'humanité, elle ne laisse aucune place aux spécificités et peut sembler arbitraire en imposant un standard de comportement.

Lorsqu'elle est utilisée cette fois dans sa dimension individuelle, la pertinence de son intervention n'est pas toujours vérifiée[247]. Le rôle du juge est alors de procéder au cas par cas à une mise en balance entre le principe de dignité et les droits en cause. L'enjeu n'est pas le même selon que la dignité est comprise comme une composante de l'ordre public (auquel cas le juge procède à un contrôle des mesures de police) ou comme principe à valeur constitutionnelle invoqué au soutien de droits fondamentaux (hypothèse dans laquelle le juge n'hésite pas à engager la responsabilité de l'État en cas d'atteinte). Le contrôle des mesures de police permet ainsi de ne pas basculer dans un ordre moral puisque le juge veille au respect du principe de dignité. Alors qu'il ne devait être utilisé qu'exceptionnellement au départ, ce principe suscite un engouement certain ces dernières années. En conséquence, la tendance des justiciables à l'invoquer sans retenue conduit à le dénaturer, le relativiser. Mais le juge ne semble pas complètement ouvrir la porte à cette notion aux

---

247 Notamment par le juge judiciaire, à l'occasion de deux affaires où l'atteinte à la dignité a été caractérisée, nous semble-t-il, de manière contestable. La première est relative à la commercialisation de peluches « Nazo le Skizo » en 2004 ayant pour effet de « *stigmatiser le malade atteint de schizophrénie en l'associant à un animal dont les humeurs sont traduites par quinze voix différentes dès que l'on presse sur les capteurs contenus dans le corps de la peluche* » (CAA Versailles, 24 nov. 2004). La deuxième concerne cette fois la commercialisation en 2008 de poupées vaudou à l'effigie de Nicolas SARKOZY, alors Président de la République, qui aurait dès lors portée « *atteinte à la dignité de la personne de M. Sarkozy* » (CAA Paris, 28 nov. 2008). Si nous ne contestons pas la volonté de voir retirées les peluches et poupées du marché, il semblerait tout de même que la dignité soit employée à mauvais escient puisque rattachée à une personne particulière en l'espèce.

frontières encore mal bâties, notamment à propos de la récente fonction sociale qui lui est attribuée. Certains s'adonnent à penser que si l'expansion de ce concept se poursuit, cela conduira « *à une restructuration des droits fondamentaux au regard de la finalité qui lui est propre : certains droits, jugés favorables à la sauvegarde de la dignité humaine, se verront absorbés par celle-ci, tandis que d'autres, appréciés à l'aune de cette finalité, se trouveront invalidés* »[248].

[248] F. BUSSY, *art. préc.*

CONCLUSION GÉNÉRALE

L'appréhension de la valeur du principe de dignité de la personne humaine est tout aussi complexe que l'est la détermination de son contenu. Que ce soit sa portée ou son rapport avec les autres droits, rien n'échappe aux multiples tentations d'interpréter ce principe, à tel point que même son statut, pourtant établi, est débattu. Une étude approfondie de l'utilisation qui en est faite par le juge administratif nous a permis de mettre en avant sa double-fonction opposée qui est en réalité l'analogue des deux objectifs de l'État de droit : assurer l'ordre au sein de la société et préserver les libertés de ses citoyens. Dans le premier cas, le juge administratif a joué un rôle clef en consacrant la dignité comme une composante de l'ordre public, venant de fait parachever l'évolution de l'ordre public vers l'immatériel. Depuis lors, la dignité permet au juge de se prononcer sur la licéité de mesures de police et de caractériser une atteinte à l'ordre public sans qu'il soit nécessaire de démontrer l'existence de circonstances locales. Le tournant pris par l'ordre public au nom de la préservation de la dignité à cette époque a conduit un grand nombre d'auteurs à mettre en garde sur cette opportunité laissée au juge de déterminer, en quelque sorte, ce qui est moral et ce qui ne l'est pas. Nous avons toutefois réfuté la thèse d'un « ordre moral » avancée par certains en rappelant qu'en l'absence de textes donnant une définition positive de la dignité, il est compréhensible que le juge interprète ce concept. De même qu'il est un principe nécessairement évolutif que le juge doit s'efforcer de retracer. Partant, le rôle du juge est de participer activement à la reconnaissance de nos droits et c'est dans cette deuxième perspective que la dignité est employée comme « dignité-liberté ». Avec l'exemple des mesures privatives de liberté, il a su veiller à ce que soit sauvegardée la dignité des personnes détenues et est devenu le véritable garant de leurs droits fondamentaux. Souvent sous

l'impulsion de la jurisprudence européenne, il façonne donc ce principe qui peine à clôturer ses frontières.
La dignité de la personne humaine demeure un principe fondamental, un « axiome » dont l'importance n'est plus à démontrer, qui permet qu'une personne soit traitée avec le respect qu'elle mérite en tant qu'elle participe de l'humanité toute entière.

BIBLIOGRAPHIE

I. OUVRAGES GÉNÉRAUX, TRAITÉS, MANUELS, COURS

ASSOCIATION Henri CAPITANT, *Vocabulaire juridique*, G. CORNU (dir.), PUF, coll. Quadrige, 12e éd., 2017.

CHAGNOLLAUD (D.), **DRAGO** (G.) (dir.), *Dictionnaire des droits fondamentaux*, Dalloz, 2006.

CHAPUS (R.), *Droit administratif général*, L.G.D.J, 15e éd., p. 596.

HAURIOU (M.), *Précis de droit administratif et de droit public*, Sirey, 1933, 12e éd.

LONG (M.), **WEIL** (P.), **BRAIBANT** (G.), **DELVOVÉ** (P.), **GENEVOIS** (B.), *Les grands arrêts de la jurisprudence administrative*, Dalloz, 22e éd., 2019.

MALINVAUD (P.), *Introduction à l'étude du droit*, LexisNexis, coll. Manuels, 19e éd., n° 34, p.31.

TIFINE (T.), *Droit administratif français*, Éditions juridiques franco-allemandes, 4e éd.

II. OUVRAGES SPÉCIAUX, MONOGRAPHIES, THÈSES

BIOY (X.), *Le concept de la personne humaine en droit public. Recherche sur le sujet des droits fondamentaux*, préf. H. ROUSSILLON, Dalloz, coll. Nouvelle Bibliothèque de Thèse, 2003, vol. 22.

CHÉRIGNY (B.), *Le juge administratif gardien de la moralité des administrés*, th., Poitiers, 1968, p. 258.

COYLE (A.), *Gérer les prisons dans le souci du respect des droits de l'homme. Manuel destiné au personnel pénitentiaire*, International Centre for Prison Studies, King's College London, Foreign & Commonwealth Office London, 2e éd., 2009.

DE KONINCK (T.), *De la dignité humaine*, PUF, coll. Quadrige, 1995.

DE KONINCK (T.), **LAROCHELLE** (G.) (dir.), *La dignité humaine. Philosophie, droit politique, économie, médecine*, PUF, coll. Débats philosophiques, 1re éd., 2005.

GIRARD (C.), **HENNETTE-VAUCHEZ** (S.) (dir.), *La dignité. Recherche sur un processus de juridicisation,* PUF, coll. Droit et Justice, 2005.
GOUGUET (M.), *L'encadrement juridique de la libre disposition de soi*, th., Limoges, 2019.
KANT (E.), *Fondements de la métaphysique des mœurs*, 1785, trad. A. RENAULT, Paris, Flammarion, 1994.
FATIN-ROUGE STEFANINI (M.), **SCOFFONI** (G.) (dir.), *Existe-t-il une exception française en matière de droits fondamentaux ?*, Les Cahiers de l'Institut Louis Favoreu, PUAM 2013.
MAURER (E.), *Le principe de respect de la dignité humaine et la Convention européenne des droits de l'homme*, La Documentation française / CERIC-Université d'Aix-Marseille III, 1999.
MBALA MBALA (F.), *La notion philosophique de dignité à l'épreuve de sa consécration juridique*, th., Lille, 2007.
PAVIA (M.-L.), **REVET** (T.) (dir.), *La dignité de la personne humaine*, Economica, coll. Études Juridiques, Paris, 1999.
PEDROT (P.) (dir.), *Mélanges en l'honneur de Christian BOLZE, Éthique, droit et dignité de la personne*, Economica, Paris, 1999, pp. 39-50.

III. ARTICLES, CHRONIQUES, NOTES, OBSERVATIONS, CONCLUSIONS, RAPPORTS, DISCOURS

BONNEFOY (O.), « Dignité de la personne humaine et police administrative, Les noces de porcelaine d'un mariage fragile », AJDA 2016, p. 418.
BRACONNIER (S.), « Les arrêtés municipaux anti-coupures d'eau : une réponse juridique inadaptée à un problème social réel », AJDA 2005, p. 644.
BRUGUIÈRE (J.-M.), « La dignité schizophrène ? », D. 2005, p. 1169.
BUSSY (F.), « La consécration par le juge français du respect de la dignité humaine », *in Justice et droits fondamentaux. Études offertes à Jacques Normand*, Paris, Litec, 2003, pp. 61-70.

CANEDO-PARIS (M.), « La dignité humaine en tant que composante de l'ordre public : l'inattendu retour en droit administratif français d'un concept controversé », RFDA 2008 p. 979.

CHAMPEIL-DESPLATS (V.), « Dignité de la personne » *J. Cl. Libertés*, Fasc. 540, 2011.

CHAMPEIL-DESPLATS (V.), « Dignité de la personne humaine : peut-on parler d'une exception française ? », *in* M. FATIN-ROUGE STEFANINI & G. SCOFFONI (dir.), *Existe-t-il une exception française en matière de droits fondamentaux ?*, Les Cahiers de l'Institut Louis Favoreu, PUAM 2013, pp. 173-180.

COSSALTER (Ph.), « La dignité humaine en droit public français, l'ultime recours », Revue générale du droit 2014, n° 3.

CRAY (P.-E.), « *L'insuffisance de moyens dans le droit de la responsabilité administrative* », Dr. adm. 2014, n° 5, p. 11.

DELAGE (P.-J.), « Respect des morts, dignité des vivants », D. 2010, p. 2044.

DREYER (E.), « *Dignité et droits fondamentaux* », *in* D. CHAGNOLLAUD et G. DRAGO (dir.), *Dictionnaire des droits fondamentaux*, Dalloz, 2006, p. 251.

FABRE-MAGNAN (M.), « La dignité en droit : un axiome », RIEJ 2007/1, vol. 58, pp. 1-30.

FABRE-MAGNAN (M.), « Le sadisme n'est pas un droit de l'homme », D. 2005, p. 2973.

FABRE-MAGNAN (M.), « Le statut juridique du principe de dignité », Droits. Revue française de théorie, de philosophie et de culture juridiques, PUF, 2013/2, n° 58, p. 176.

FRYDMAN (P.), concl. CE, Ass., 27 oct. 1995, *Commune de Morsang-sur-Orge* & *Ville d'Aix-en-Provence*, RDFA 1995. 1204.

FRYDMAN (P.), « Les vingt ans de l'arrêt *Commune de Morsang-sur-Orge* – À propos de la dignité de la personne humaine », RFDA 2015, p. 1100.

FORT (F.-X.), « La protection de la dignité de la personne détenue », AJDA 2010, p. 2249.

GENEVOIS (B.), « La dignité de la personne humaine : principe symbolique ou réalité juridique ? », *in L'exigence De Justice – Mélanges en l'honneur de Robert Badinter*, Dalloz, 2016, pp. 445-478.

GIRARD (C.), **LOISELLE** (M.), « Le principe de dignité dans la doctrine constitutionnaliste », *in* C. GIRARD & S. HENNETTE-VAUCHEZ (dir.), *La dignité. Recherche sur un processus de juridicisation*, PUF, coll. Droit et Justice, 2005, p. 49.

GOGORZA (A.), « La dignité humaine », *in* J.-Ch. SAINT-PAU (dir.), *Traité des droits de la personnalité*, LexisNexis, 2013, n° 212.

GIRARD (C.), **HENNETTE-VAUCHEZ** (S.), « Questions de méthode », *in* C. GIRARD & S. HENNETTE-VAUCHEZ (dir.), *La dignité. Recherche sur un processus de juridicisation*, PUF, coll. Droit et Justice, 2005, p. 217.

GRUAT (F.), « Dignité », *in* M. FORMARIER et L. JOVIC, *Les concepts en sciences infirmières*, Association de Recherche en Soins Infirmiers, 2e éd., 2012, p. 156.

HENNETTE-VAUCHEZ (S.), « Une dignitas humaine ? Vieilles outres, vin nouveau », Droits. Revue française de théorie, de philosophie et de culture juridiques, PUF, 2008/2 n° 48, p. 60.

DE KONINCK (T.), « Archéologie de la notion de dignité humaine », *in* T. DE KONINCK & G. LAROCHELLE (dir.), *La dignité humaine. Philosophie, droit politique, économie, médecine*, PUF, coll. Débats philosophiques, 1re éd., 2005, pp. 13-51.

LEBRETON (G.), « Les ambiguïtés du droit français à l'égard de la dignité de la personne humaine », *in Mélanges offerts à Patrice Gélard*, Droit constitutionnel, Montchrestien, 1999, p. 63.

LEBRETON (G.), « Ordre public et dignité de la personne : un problème de frontière », *in* M.-J. REDOR (dir.), *L'ordre* *public : ordre public ou ordres publics ? Ordre public et droits fondamentaux*, Bruylant, coll. Droit et justice, Bruxelles, 2001, p. 365.

LEBRETON (G.), « Ordre public, ordre moral et lancer de nain », D. 1996, p. 177.

LLORENS (F.), « Justice administrative et dignité humaine », RDP 2011, p. 299.

MARTENS (P.), « Encore la dignité humaine : réflexions d'un juge sur la promotion par les juges d'une norme suspecte », *in Les droits de l'homme au seuil du troisième millénaire : mélanges en hommage à Pierre Lambert*, Bruxelles, Bruylant, 2000, p. 562.

MATHIEU (B.), « Bioéthique : un juge constitutionnel réservé face aux défis de la science », note. Cons. const., Décision n° 94-343-344 DC, 27 juillet 1994, RFDA 1994, p. 1019.

MATHIEU (B.), « La dignité de la personne humaine : du bon (et du mauvais ?) usage en droit positif français d'un principe universel », *in* A. SÉRIAUX (dir.), *Le droit, la médecine et l'être humain*, PUAM, 1996, p. 230.

MATHIEU (B.), « La dignité de la personne humaine : quel droit ? quel titulaire ? », D. 1996, p. 282.

NAKOULMA (M.-V.), « La dignité humaine comme doublure abstraite et nécessaire au développement du système juridique international », Cahiers Jean Moulin, n° 4, 2018.

NEIRINCK (C.), « La dignité humaine ou le mauvais usage juridique d'une notion philosophique », *in* P. PEDROT (dir.), *Mélanges en l'honneur de Christian BOLZE, Éthique, droit et dignité de la personne*, Economica, Paris, 1999, pp. 39-50.

OLLARD (R.), « Tortures et actes de barbarie », *J. Cl. Pénal*, Fasc. 20, 2017 n° 11.

PAVIA (M.-L.), « La découverte de la dignité de la personne humaine », *in* M.-L. PAVIA, T. REVET (dir.), *La dignité de la personne humaine*, Economica, coll. Études Juridiques, Paris, 1999, p. 3 et 6.

PELLOUX (R.), « Vrais ou faux droits de l'Homme », RDP 1981, p. 52.
PETIT (P.), « Les ordonnances Dieudonné : séparer le bon grain de l'ivraie », AJDA 2014 p. 866.
ROUSSEAU (R.), « Les droits de l'homme de la troisième génération », RIEJ 1987/2, vol. 19, pp. 19-31.
SAINT-JAMES (V.), « *Réflexions sur la dignité de l'être humain en tant que concept juridique du droit français* », D. 1997, p. 61.
SALAS (D.), « L'arrêt Perruche : un scandale qui n'a pas eu lieu », D. 2001, n° hors-série, Justices, 24 mai 2001, p. 14.
SAUVÉ (J.-M.), « Dignité humaine et juge administratif », Discours prononcé lors du Colloque organisé à l'occasion du 90e anniversaire de la création du Tribunal administratif de Strasbourg, Rencontres européennes de Strasbourg, 27 novembre 2009.
SAUVÉ (J.-M.), « Le juge administratif, protecteur des libertés », Discours prononcé lors du Colloque organisé pour les dix ans de l'Association française pour la recherche en droit administratif (AFDA) à l'Université d'Auvergne, 16 juin 2016.
SCHMITZ (J.), « Responsabilité de l'État en raison de conditions de détention », AJDA 2017, p. 63.
SEILLER (B.), « La censure a toujours tort », AJDA 2014, p. 129.
STIRN (B.), « *Ordre public et libertés publiques* », Intervention du 17 septembre 2015 lors du Colloque sur l'Ordre public organisé par l'Association française de philosophie du droit les 17 et 18 septembre 2015.
VEDEL (G.) (dir.), « Propositions pour une révision de la Constitution : Rapport au Président de la République », 15 février 2013, La Documentation française, Collection des rapports officiels, 1993.
VEIL (S.) (dir.), « Redécouvrir le Préambule de la Constitution. Rapport du comité présidé par Simone Veil », La Documentation française, Collection des rapports officiels, 2008, p. 85 et s.

RÉPERTOIRE DE JURISPRUDENCE

I. JURIDICTIONS DU PREMIER DEGRÉ

TA Marseille, ord., 22 janv. 2004, n° 04427/0
TA Rouen, 27 mars 2008, n° 0602590
TA Orléans, 14 juin 2012, n° 120033
TA Nantes, ord., 9 janv. 2014, *Société Les Productions de la Plume et M. Dieudonné M'Bala M'Bala*, n° 1400110
TA Versailles, ord. 19 sept. 2015, n° 1506153

II. JURIDICTIONS DU SECOND DEGRÉ

CAA Nancy, 4 oct. 2001, n° 00NC01583
CAA Douai, 29 déc. 2005, *Cne d'Emerchicourt*, n° 05DA00727
CAA Marseille, 15 déc. 2011, n° 11MA02831
CAA Versailles, 16 déc. 2011, n° 11VE00433
CAA Nantes, 23 févr. 2012, n° 10NT01752
CAA Paris, 5 juill. 2012, n° 12PA00066
CAA Paris, 11 déc. 2012, n° 12PA00911
CAA Nancy, 13 déc. 2012, n° 12NC00410
CAA Douai, 7 janv. 2013, n° 12DA01478
CAA Marseille, 15 nov. 2013, n° 12MA00299
CAA Bordeaux, 28 févr. 2017, n° 16BX00067
CAA Douai, 07 déc. 2017, n° 16DA00715
CAA Bordeaux, 12 sept. 2018, n° 18BX01265
CAA Paris, 20 déc. 2018, n° 18PA00138
CAA Paris, 24 janv. 2019, n° 18PA02175
CAA Nantes, 29 mars 2019, n° 17NT01502
CAA Versailles, 26 sept. 2019, n° 19VE01620

III. CONSEIL D'ÉTAT, COUR DE CASSATION

CE, 6 févr. 1903, *Terrier*, n° 07496, Lebon 94
CE, 19 févr. 1909, *Abbé Olivier*, Lebon 181
CE, 4 mars 1910, *Thérond*, Lebon 193
CE, 4 janv. 1918, *Mineurs Zulemaro*, Lebon 9

CE, 4 janv. 1918, *Duchesne*, Lebon 10
CE, 23 déc. 1936, *Sieur Bucard*, n° 51755, rec. CE 1936, p. 1151
CE, ass., 11 juill. 1947, *Salgues*, n° 74033, Lebon 315
CE, ass., 30 janv. 1948, *Toprower*, n° 86780, Lebon 48
CE, 3 oct. 1958, *Rakotoarinovy*, n° 34789, Lebon 470
CE, sect., 18 déc. 1959, *Société Les films Lutétia et Syndicat français des producteurs et exportateurs de films*, n° 36385 36428, Lebon 693
CE, 11 mai 1977, *Ville de Lyon*, n° 01567, Lebon 211
CE, 30 sept. 1988, n° 66223
CE, 11 juill. 1990, *Ministre des affaires sociales et de l'emploi c/ Syndicat CGT de la société Griffine-Maréchal*, n° 86022, Lebon 215
CE, ass., 2 juill. 1993, *Milhaud*, n° 124960, Lebon 194
CE, ass., 27 oct. 1995, *Commune de Morsang-sur-Orge*, n° 136727, Lebon 372
CE, ass., 27 oct. 1995, *Ville d'Aix-en-Provence*, n° 143578, Lebon 372
CE, 20 mai 1996, *Sté Vortex*, n° 167694, Lebon 189
CE, 10 mars 1997, *M. Pham Dinh*, n° 167221
CE, 19 mars 1997, *Association « Ici et Maintenant »*, n° 173514
CE, 29 déc. 1997, *Cne d'Arcueil*, n° 171134, Lebon 512
CE, 8 déc. 2000, *M. Daniel Drai*, n° 196330,
CE, 25 avr. 2001, *Association Choisir la vie*, n° 216521, Lebon 190
CE, 26 nov. 2001, *Association Liberté Information Santé et autres*, n° 222741, Lebon 578
CE, sect., 14 juin 2002, *Association Promouvoir*, n° 237910, Rec. CE, p. 265
CE, 30 août 2006, *Association Free Dom*, n° 276866, Rec. CE, p. 392
CE, 26 nov. 2008, *Syndicat mixte de la vallée de l'Oise*, n° 301151, Lebon
CE, 16 févr. 2009, n° 315499, Lebon 43
CE, 23 juin 2009, *Association Promouvoir & autres*, n° 32867823
CE, 18 déc. 2009, *Sté Canal plus*, n° 310646, Lebon table 933
CE, 26 févr. 2010, *Commune d'Orvault*, n° 336837

CE, 30 juin 2010, *Ministère de l'Intérieur, de l'Outre-mer et des collectivités territoriales*, n° 332259, Lebon 225
Cass., 1re civ., 16 sept. 2010, n° 09-67.456
CE, 26 nov. 2001, *Association Liberté Information Santé et autres*, n° 222741, Lebon 578
CE, ord., 16 déc. 2011, n° 354782
CE, ord., 6 juin 2013, n° 368875
CE, sect., 6 déc. 2013, *Thévenot*, n° 363290, Lebon
CE, ass., 30 déc. 2014, *Bonnemaison*, n° 381245, Lebon 443
CE, ord., 16 avr. 2015, *Sté Grasse Boulange*, n° 389372, Lebon
CE, 1er juin 2015, n° 372057, AJDA 2015. 1599
CE, 1er oct. 2015, n° 383332
CE, 9 nov. 2015, *Association générale contre le racisme et pour le respect de l'identité française chrétienne*, n° 376107, Lebon
CE, ord. 23 nov. 2015, *Ministre de l'intérieur et Cne de Calais*, n° 394540
CE, 25 nov. 2015, *Fondation Jérôme Lejeune*, n° 370610
CE, 28 sept. 2016, *Ministre de la Culture et de la communication c/ Association Promouvoir & autres*, n° 395535
CE, 19 oct. 2016, *Centre hospitalier d'Issoire et autres*, n° 391538, Lebon
CE, 16 déc. 2016, *Fondation Jérôme Lejeune*, n° 392557
CE, 13 janv. 2017, *Ministre de la Culture c/ Association Promouvoir*, n° 397819
CE, 28 juill. 2017, *Association Promouvoir & Association pour la dignité humaine*, n° 403445
CE, 4 mars, 2019, *Association Juriste pour l'enfance*, n° 417346

IV. CONSEIL CONSTITUTIONNEL, TRIBUNAL DES CONFLITS

T. confl., 2 déc. 1902, *Société immobilière de Saint-Just*, Lebon 713
Cons. const., 12 juill. 1979, Décision n° 79-107 DC
Cons. const., 25 juill. 1979, Décision n° 79-105 DC
Cons. const., 16 janv. 1982, Décision n° 81-132 DC
Cons. const., 27 juill. 1994, Décision n° 94-343-344 DC

Cons. const., 29 déc. 1999, Décision n° 99-424 DC
Cons. const., 16 sept. 2010, Décision QPC n° 2010-25
Cons. const., 6 juill. 2018, Décision QPC n° 2018-717/718

V. COUR EUROPÉENNE DES DROITS DE L'HOMME, COUR DE JUSTICE DE L'UNION EUROPÉENNE

CEDH, 22 nov. 1995, *S.W. c/ Royaume-Uni*, n° 20166/92
CEDH, 4 déc. 1995, *Ribitsch c/ Autriche*, n° 18896/91
CEDH, 19 févr. 1997, *Laskey, Jaggard et Brown c/ Royaume-Uni*, nos 21627/93, 21628/93, 21974/93
CEDH, 26 oct. 2000, *Kudla c/ Pologne*, n° 30210/96
CJUE, 9 oct. 2001, *Pays-Bas c/ Parlement et Conseil*, aff. C-377/98
CEDH, 7 févr. 2005, *K. A. et A. D. c/ Belgique*, nos 42758/98 et 45558/99
CJUE, 1er déc. 2007, *Viking*, C-438/05
CJUE, 18 déc. 2007, *Laval*, C-341/05
CEDH, 16 juin 2009, *Association « Solidarité des Français » c/ France*, n° 26787/07
CEDH, 25 avr. 2013, *Canali c/ France*, n° 40119/09
CEDH, 10 mars 2015, *Varga et autres c/ Hongrie*, n° 14097/12
CEDH, 5e sect., 2 juill. 2020, *N.H. et autres c/ France*, nos 28820/13, 75547/13 et 13114/1

TABLE DES MATIERES

Structures éditoriales du groupe L'Harmattan

L'Harmattan Italie
Via degli Artisti, 15
10124 Torino
harmattan.italia@gmail.com

L'Harmattan Hongrie
Kossuth l. u. 14-16.
1053 Budapest
harmattan@harmattan.hu

L'Harmattan Sénégal
10 VDN en face Mermoz
BP 45034 Dakar-Fann
senharmattan@gmail.com

L'Harmattan Cameroun
TSINGA/FECAFOOT
BP 11486 Yaoundé
inkoukam@gmail.com

L'Harmattan Burkina Faso
Achille Somé – tengnule@hotmail.fr

L'Harmattan Guinée
Almamya, rue KA 028 OKB Agency
BP 3470 Conakry
harmattanguinee@yahoo.fr

L'Harmattan RDC
185, avenue Nyangwe
Commune de Lingwala – Kinshasa
matangilamusadila@yahoo.fr

L'Harmattan Congo
67, boulevard Denis-Sassou-N'Guesso
BP 2874 Brazzaville
harmattan.congo@yahoo.fr

L'Harmattan Mali
ACI 2000 - Immeuble Mgr Jean Marie Cisse
Bureau 10
BP 145 Bamako-Mali
mali@harmattan.fr

L'Harmattan Togo
Djidjole – Lomé
Maison Amela
face EPP BATOME
ddamela@aol.com

L'Harmattan Côte d'Ivoire
Résidence Karl – Cité des Arts
Abidjan-Cocody
03 BP 1588 Abidjan
espace_harmattan.ci@hotmail.fr

Nos librairies en France

Librairie internationale
16, rue des Écoles
75005 Paris
librairie.internationale@harmattan.fr
01 40 46 79 11
www.librairieharmattan.com

Librairie des savoirs
21, rue des Écoles
75005 Paris
librairie.sh@harmattan.fr
01 46 34 13 71
www.librairieharmattansh.com

Librairie Le Lucernaire
53, rue Notre-Dame-des-Champs
75006 Paris
librairie@lucernaire.fr
01 42 22 67 13

www.ingramcontent.com/pod-product-compliance
Lightning Source LLC
LaVergne TN
LVHW051402061026
849535LV00009B/3316
9782343239149